真福

ここに幸あり

越前　喜六 編著

教友社

巻頭言

イグナチオ年と至福

イエズス会日本管区管区長　デ・ルカ・レンゾ

今年も出版を通していつも支えて下さる人々に感謝する機会が与えられました。私たちが知らないところで多くの人々が祈りと活動を通して力になっていることを意識し、神様からの恵みを祈ります。

教皇フランシスコが訪日して全国が熱気に包まれた二〇一九年が終わるとまもなくコロナ騒ぎが始まりました。いつの間にか遠い昔のことのように感じられます。しかし、あのような出来事は、表面が冷めても中身に温かさがまだ残っていると私は思います。そのぬくもりが冷めないうちに、今年はイグナチオ年を記念しています。私たちがいただいた遺産を感謝してそれを現代に通じるように適応する呼び掛けでもあります。

聖イグナチオが回心に導かれてから五〇〇年経ちますが、その影響が今でも続いています。当時の人々からすれば負け戦に挑んで大怪我で済んでよしとすべきところだったでしょう。当時も今も行き止まりに遭う人がたくさんいます。しかし、イグナチオの場合、その行き止まりが一生涯悩む結果を生まず、まったく新しい生き方に目覚める結果となりました。それは神の恵みでしたが、その失敗を恵みとして受けいれたイグナチオの素直さを表しています。

今回は至福八端をテーマに悩みの多いこの社会に、さまざまな観点から至福を考えるきっかけになれば幸いに思います。

まえがき

人は誰でも幸福を願い、望み、求めている。それなのに、現実には本当に幸福な生活を送っている人は、そう多くはないように感じるのは、私だけであろうか。幸福に生きていくためには、国家の安全や社会的な平和の上に、衣食住の適当な充足や職業の有無、そこから生じる適当な収入や経済的保証、それに保険や家族・親族をはじめ知人・友人関係など、さまざまな条件や要因が必要になるのは、いうまでもない。これらを総称して、幸福の外的条件といえよう。これらの条件を満たすのが、政府や地方の行政機関の第一の責務であることは、いうまでもない。そういう機関の関係者は、それを愛と正義に基づく義務であることを自覚して、きちんと良い結果を出すように働かなければならない。聖書の中に、「良き木は良い実を結ぶ。悪い木は悪い実を結ぶ。木の良し悪しは、その実によって判断しなさい」（マタ7・17―20）という聖言がある。どんな行為でも、その行為の良し悪しは、その結果によって判断すべきことなのだ。コロナ禍に対する行政機関などの対処方法はその最たるものであろう。政治家も役人も関係者も、この点をよく反省すべきではないだろうか。失敗の結果、莫大な損失を人びとと社会に及ぼしてきたのである。

さて、主イエス・キリストは、こうした社会や国の責任などを直接、問題にされたわけではない。が、それを不問に付したというわけでもない。それぞれの「分」に応じたハタラキが、求められているのである。換言すれば、「……らしく」生き、行動することである、といえよう。たとえば、神父は神父らしく、宗教者は宗教者らしく、教師は教師らしく、会社員は会社員らしく、役人は役人らしく、経営者は経営者らしく、商人は商人らしくなど、身分、職業、地位などに応じた、態度や行動をとるべきなのである。これが広い意味で、道徳ということで、道徳的に行動する時、宇宙の法則と合致し、地上には平和と幸福が実現するのである。主イエスはこうした倫理的な自然法則を「律法」と見なしていたと思われる。だから、それを主イエスは、「律法を廃止するためではなく、完成するために来た」(マタ5・17)と言われたのである。完成するというのは、究極の開花・結実のことであって、欠陥車が完成されるという意味ではない。神は不完全なものを創造されない。存在するものは、すべて完全・完璧である、と言わなければならない。ただ、心理的あるいは教育的あるいは意識のレベルで不完全とか未完成とか未熟とか言われるのは、成長・発展・進化・成熟などの可能性(あたかも種子のごとく)や発展段階あるいは過程を指しているからである。たとえば、ドングリは樫の樹になれるのに、なれないでいる状態のことを指しているにすぎない。

さて、主イエス・キリストが教えられた真の究極的な幸福とは、知と愛によって三位一体の神とパーソナルに合体することにほかならない。人間は、存在論的には既に神の「似像」(創1・26―27)であるから、神のパートであり、分身であり、顕現であって、神と一体であるかもしれない。けれども、意識や体験としては、惨めで愚かな生きものと感じているにちがいない。それが本来の人間、神の子としての「真人」であることを悟ることが、真の救いであり、永遠の至福なのではないだろうか。そのための道程として主イエスは山上の垂訓を示されたのではないだろうか。だから、まず真福八端にその端緒を示されたのではないだろうか、と私は受け止めている。

本書の題名を「真福」としたのは、「イエスの友〈Compañía de Jesús〈コンパニヤ・デ・ヒシス〉〉」と言われるイエズス会の創立者聖イグナチオ・デ・ロヨラ(一四九一―一五五六)の回心(一五二一年五月二〇日)五〇〇周年を祝って、「聖イグナチオ年」が二〇二一年五月二〇日から二〇二二年七月三一日まで開かれている最中に出版されるからで、聖イグナチオは、回心の時、真の幸福が福音書の「真福八端」にあることを悟ったにちがいないと思ったからである。

本書の執筆者は、十名がイエズス会員で、二名が他宗教の著述家である。少し躊躇された著者もいらしたが、幸福への願望は同じなので、寛大に協力してくださった。心から謝意を表するものである。恒例によって簡単に内容を紹介することにする。

デ・ルカ・レンゾ師は、イエズス会の管区長であるが、キリシタンとその歴史の専門家である。長い間、長崎市の西坂にある日本二十六聖人記念館の館長をされていた。ここを「至福の丘」と呼ぶ由来を中心に、キリシタン、教皇の訪問などを興味深く紹介しながら、〈巻頭言〉を含め、至福とは何かを論じておられる。

越前喜六師は、本書の編者でもあるが、専門の人間学の見地から、真の幸（さち）とは何かを論じると共に、それを求めて遍歴した自身の体験や思いも語っている。

ホアン・アイダル師は、上智大学神学部の教授で、主に哲学を専攻されているが、天の国を所有する「貧しい人々」とは誰のことかを興味深いご自身の体験に触れながら、わかりやすく教え説かれている。

増井啓師は、神戸の六甲学院中・高等学校の教諭である。ご自身の経験を踏まえて、「悲しむ人は、幸いである」とはどういうことか、また詩編や『教会の祈り』や『霊操』をもとに、霊的にも文学的にも悲しみの秘義のようなものに触れているような気がしている。

大西崇生師は、聖書学者を目指してローマで最後の研究課程に励んでいる気鋭の会員である。「柔和な人々は幸い」の柔和という言葉をヘブライ語、ギリシャ語と照らし合わせながら、その真意を「神との関係のうちに、自分の内なる貧しさを深く知っており、その自覚のゆえに神のみにより頼む人」のことだ、と指摘しているのは、正しく適切であり、常識的な温和という意味の柔和ではないということがわかろう。

片柳弘史師は、カトリック宇部教会の主任司祭である。また文筆家としても著名で、多くの有意義な書物をキリスト教系の出版社から刊行している。「義によって満たされる」とはどういうことか、神の義とは何か、人間の義とは何か、どうしたらこの世に本当の正義が実現するのかをわかりやすく論じながら、明らかにしている。

竹内修一師は、上智大学神学部で倫理神学を担当する教授である。神の「憐れみ」と「慈しみ」は同義語であると説き、また「慈しみ」と「まこと」は神の本質を表す言葉であると指摘する。その上に立って、「憐れみ深い人々は、幸いである」という聖言をいろいろな角度から有意義かつ興味深く論じておられる。

柳田敏洋師は、イエズス会の黙想の家兼イエズス会霊性センターの指導者である。「心の清い人々は神を見る」とは、「神と響き合う」ことではないかと指摘。『霊操』において聖イグナチオが述べている霊動の識別を「心の清さ」に応用するにあたって、インドで修行された「ヴィパッサナー瞑想」が有益だとし、霊的慰めや荒みの区別にとらわれるよりも、それらを静かに、あるがままにアガペーの心で見つめることが大切ではないか、それが心の清さにつながるというご自身の体験に基づいた論考で、極めて貴重であると思う。

小山英之師は、上智大学神学部の教授である。平和学の立場から、「平和をもたらす人は幸いである」という聖句をめぐる諸問題を、聖書を踏まえながら、平和の現実といかにそれを実現していくかについて、具体的な提言を踏まえ、多角的に論じておられる。

角田佑一師は、上智大学神学部の助教であるが、新進気鋭の神学者である。「迫害体験と神の義」という標題で、なぜ神の義を行う人は世間から迫害されるのか、人の義と神の義はどう異なることなど、聖書や神学に基づき、興味深く論じておられる。また。迫害に遭うのは、深い意識のレベルでイエスの死といのちに与かることではないかと指摘する。

これまでの著者は全員、イエズス会の司祭であるが、この後は、私自身が深く敬愛する他宗教の先生方の論考である。むろん読みやすくわかりやすいように随筆風の執筆をお願いしたので、学術論文ではないことをお断りしたい。

下室覚道師は、曹洞宗の僧侶で、元鶴見大学の准教授をされていた。現在は、東京都新宿区愛住町のある養国寺の住職をしておられる。長年の親交からご多忙にもかかわらず、「仏教における幸福」について、仏教の教え、特に道元禅師の『正法眼蔵』の思想を基に、懇切丁寧に論じられ、カトリックにとっても大いに参考になる教説である。

最後になったが、木村恵子氏は、プロのエッセイスト（随筆家）で、敬虔なプロテスタントの信者でいらっしゃる。「幸せ」についての随筆を詩的な素晴らしい文章で輝かせていらっしゃる。西洋で昔から、神さまのことを直接語れるのは、神学者と詩人である、と言われる。本稿は読者に安らぎと幸せを感じさせてくれるにちがいない。
最後に、本書のすべての筆者（著者）に改めて、深い感謝の念を表したいと思う。本書がささやかながら、人々に真の幸せがどこにあるかを指し示す道しるべになることを確信している。本当にありがとうございました。

編著者

二〇二一年九月二〇日

目次

「至福の丘」と呼ばれた場所

デ・ルカ・レンゾ

「至福」という言葉は抽象的な内容を表していると言えましょう。宗教を持っている者にとっては「至福」が「救い」また、「永遠の命」を意味して、この世では体験できないものでもあります。しかし、至福そのものが把握しにくくても、一人ひとりにそれを表す手短なイメージがあります。カトリック教会では列福式があるように、至福を得た先輩たちを思い起こすことが少なくありません。より一般的な捉え方として、悩んでいる人にとってはその悩みが消えること、召命を探す人にとって、その召命を見いだしたりすることが至福を表します。人・民によって、場所も至福と関連します。日本でも「至福の丘」と呼ばれる場所があります。

多くの人にとっては、長崎の西坂が「悲劇の場所」として認識されてきました。しかし、カトリック信者にとって、日本二十六聖人と多くのキリシタンの殉教地、日本司教団指定「巡礼所」として有名で尊ばれる場所です。二人の教皇、マザー・テレサを初め、多くの有名人がその場所を訪れて祈りと尊敬を表してきました。

その場所で多くのキリシタンが処刑された史実に関して一致があるのに、その場所での出来事の解釈と意義に大きな隔たりがあります。当時の豊臣・徳川政権から見れば、犯罪者が裁かれた場所であり、キリシタンにとっては、キリストのために進んで命を捧げた聖人の殉教地であります。

キリシタン時代の「至福」

キリシタン時代の「至福」という日本語がキリスト教の概念と一致したとは限りませんので、『日葡辞書』（一六〇四年）の項目を確認しましょう（一六〇四年、土井忠生他訳『邦訳日葡辞書』岩波書店、一九八〇年の日本語による。原文はローマ字。太字は著者による。以下も同様）。

◎Iōracu　ジャウラク（常楽）　Tçuneni tanoximu（常に楽しむ）連続した楽しみと喜び。例、Iōracu gajo no tocoro nari（常楽我浄の処なり）**至福**の場所〔天国〕には、永遠の歓喜がある。

◎Gocqua　ゴックフワ（極果）　Qiuamari fatçuru.（極まり果つる）たとえば、インヘルノ（inferno 地獄）やパライゾ（paraiso 天国）のそれのような最上の**幸福**、**至福**、または、極度の悲惨や苦悩。

◎Fiacufucu　ヒャクフク（百福）　Fiacuno saiuai.（百の福）多くの**幸福**や富。Fiacufucu mini amaru（百福身に余る）富が豊かである。

◎Daifucu　ダイフク（大福）　Vôqi na saiuai.（大きな福）大きな**幸福**、または、大きな富。

これを見れば、聖書に出る至福に当たる概念より、一般的に用いられた言葉を特別な意味で用いていたようです。引用の『日葡辞書』を基にすれば、幸せと富との関連が強かったことになります。どちらかといえば、当時の日本語は旧約聖書の捉え方に近かったと言えましょう。新約聖書に出てくる「命まで捨てて殉教する」ことは当時では説明しがたいことであったに違いありません。当時のキリシタンたちの理解を見ましょう。

至福を把握した武士、高山右近

ザビエル来日以来、キリスト教は急速に広まりました。その後、政権を握った秀吉は一五八七年にバテレン追放令を発布し、キリシタンであること自体が処罰の対象になりました。当然ながら、秀吉の側近であったキリシタンも背教を迫られました。その一人、熱心なキリシタンであった高山右近が追放などの迫害を受けました。それを知った当時の教皇シスト五世は一五九〇年四月二四日付で右近宛ての激励書簡を送りました。参考になる部分の翻訳（原文はラテン語）を引用します。

……卿は主の御言葉のごとく、正義のため迫害を忍べる者が、天国にて**至福**を与えらるべきことを知れり。また卿はキリストに倣いて、みずがら十字架をになえる者は茨の冠を被せられたる頭の下で、肢体も共に苦しまざるを得ぬがごとく、主の御後に従うべきことを熟知しおれり。予は、卿が今までのごとく、将来にもこの確信を止め置かれんことを期待するものなり。（チースリク『高山右近史話』聖母文庫、一九九五年五月、二九四頁より）

教皇は宣教師たちの報告を基にしたに違いありませんが、自分の考えとして手紙を出しているることが右近の高い評価を物語っています。右近はキリスト教が目指す至福を把握していたこと、またその正当性が認められたと断言できます。

キリシタンたちが学んだ至福

殉教を覚悟していた高山右近は特別な、稀な人物だったとも言えます。当時の一般的なキリシタンの捉え方を見る必要があるでしょうから、当時広く用いられていたロザリオの信心についての教えを見たいと思います。最初から至福について日本語で述べる時に、説明的な表現を使うことになりました。例えば、一六〇〇年の「ドチリナ・キリシタン」のアヴェ・マリアの祈りに、「ガラサ（恵み）みちみちたふマリヤ」となっています（海老沢有道他編著、『キリシタン教理書』教文館、一九九三年、三〇頁）。この表現はわかりやすい説明で至福の内容を表しています。しかし、迫害の真っ最中に出されたユアン・デ・ルエダの『ロザリヨ記録』（一六二二年）に、以下の祈りがあります。

全能にして、憐れみ深き神よ、御身は、其の我等に対する

大いなる愛の故に、御身の御子、我等らの主ゼズスキリシトを、
天より地上に降され、**至福**なる処女マリアの御胎内に、
天使の御告げを以て肉体を取らせ給ひ、
悪魔の権能より我等を救ひ出さんと望み給へり。(『ロザリヨ記録』平河出版社、一九八六年八月、二五三頁より)

ここであえてマリア様を「至福」な方として紹介しています。つまり、恵みに満ちることが至福を意味することが自然と伝わります。ロザリオを誦え慣れていたキリシタンにとって、「恵みに満ちている」マリア様は親しみやすい至福の具現化であるとの教えです。意図的であったとは限りませんが、イエズス会員が最初に広めた解説的な信心を神学的な概念でまとめたドミニコ会員の共働作業とでも言えましょう。

「隠された至福」

宣教師たちがヨーロッパに送った日本の代表的な品物として屏風が注目されました。「エヴォラ屏風」と呼ばれた物の中に、廃止された書物があり、その一部、いわゆる「日本のカ

テキズモ」が入っていました。参考になる部分を紹介します。

サテ相残ル処ノデウス〔神〕へ随イ仕へ奉ラレケル善ノアンショ〔天使〕ノ、即、デウスヨリゴロリア〔栄光〕ニ至セ玉イ、イツマテモヘアヘンツランサ〔bem-aventuraça **真福八端**〕ノ安堵、快楽ニ永へ玉フナリ。其正体ノ滕レテ美麗浄潔ナル事、威力甚〔シク、諸善ヲ達シ玉フ事、有ユル御作ノ物ノ中ニテ第一勝レタル体ナリ。（藤玄二郎編『エヴォラ屏風の世界』Mundo do Biombo de Evora, かまくら春秋社、二〇〇五年五月、三六頁より）

この箇所は、聖書の言葉をカタカナ語で紹介してから、その内容を説明しています。つまり、至福八端は永遠の安堵と快楽に至ることを意味します。翻訳であるとは言え、この文書を書いたのはキリシタンになった日本人だったに違いありません。このように、四〇〇年以上前に、少なくともキリスト教を勉強する人々がその内容を日本語で深めていたことがわかります。換言すれば、日本のキリシタンがこの至福の概念を日本語と日本文化に取り組んだことになります。

キリシタン至福の具現化としての殉教

ここまでの考察にあるように、聖書的な意味で至福という言葉も概念も誤解されやすかったことを懸念して説明を加えていたことがわかります。しかし、日本の教会にとってその至福について考えさせられる主な体験は殉教だったに違いありません。殉教こそ聖書的な理解がなければ意味がとれない現実だったと言えましょう。

それ以前にも日本で迫害がありましたが、秀吉が天下を握った時代、京都で捕らえられ、長崎の西坂で一五九七年に殉教した二十六聖人の話が有名です。しかし、最初から今の場所で処刑する計画ではなかったことはそれほど知られていません。それについて殉教同年に書かれたルイス・フロイスの『殉教記録』を引用します。

〔ポルトガル人は寺沢氏に〕「彼らを罪人と同じ処刑場で（今まだその遺体が十字架に縛られている所で）、処刑するのは相応しくない。したがってその刑を別の所で、すなわち町に向かって罪人の刑場から少し離れた、カルヴァリオに似た丘ですするように。」その丘の上には平らな所があった。ポルトガル人と宣教師は後に「殉教者の教会」と呼ばれる建物を造ろうと思っていた。この地が我らの聖なる信仰のため苦しんだ人々の記念になるように。また、十字架が一列に並べられ、その中央には修道者たちが置かれるように頼み、〔寺沢〕半三郎はすべてを引き受け、十字架が彼らを処刑するため置いていた所から、ポルトガル人が選んだ丘に移すように命令した。一五九七年三月一四日（Jap. Sin.52, 270–304）

結果として、秀吉の命令通り、二六人のキリシタンが処刑されることになりましたが、処刑所を異動することによって「特別扱い」されたことがわかります。自分がどう思ったにせよ、それを許した寺沢氏が特別扱いを認めたことになります。引用箇所にある通り、キリシタンたちから見れば、命を捧げた人々を最初から高く評価し、それ以後、記念しようと思っていました。至福という表現がなくとも、彼らを被害者としてではなく、幸せな者として見ていたと断言できます。

教皇たちが認めた至福の場所

キリシタン時代から教皇は日本のキリシタンにとって憧れと支えの存在でした。しかし、日本での出会いに四〇〇年以上がかかりました。結局、一九八一年に教皇ヨハネ・パウロ二世が、日本の初訪問を果たすことになりました。同年の二月二六日に長崎の殉教地、西坂を「至福の丘」と呼びました。その説教の一部を見ましょう。

きょう、私はこの殉教者の丘で、愛がこの世で最高の価値をもつことを、高らかに宣言したいと思います。この聖なる地で各階層の人々か、愛は死より強いことを証明しました。彼らはキリストの教えの本質であるあの**真福八端の精神を具現**したのであって、彼らを仰ぎみるすべての人に、神への無私の愛と隣人への愛にもとづいて、自分の生涯をつくりかえるよう刺激を与えているのです。（一九八一年二月二六日）

教皇は殉教と至福が密接な関係を持っていることを強調します。カトリックが少数派の日本でこれを強調することは、聖書的な価値観からものを見ることへの誘いでもあります。キリシタンでない人にとっては理解しにくい話かもしれませんが、少なくともキリシタンにとっては至福が特別な概念であることを示しています。

教皇フランシスコ、西坂での話（教皇の日本司牧訪問）

教皇フランシスコは二〇一九年に訪日を果たしました。多忙な日程でも長崎の西坂を訪れることにし、教皇ヨハネ・パウロ二世の言葉を思い起こして現代人にとっての至福について語りました。

しかしながら、この聖地は死についてよりも、いのちの勝利について語りかけます。聖ヨハネ・パウロ二世はこの地を、殉教者の丘としてだけでなく、まことの**真福八端**の山と考えました。自己中心、安穏、虚栄から解き放たれ、聖霊に満たされた人々のあかしに触れることができる場です（使徒的勧告『喜びに喜べ』65参照）。ここで、迫害と剣に打ち勝った愛のうちに、福音の光が輝いたからです（「殉教の記念碑　西坂の丘」二〇一九年一一月二四日『すべての命を守るために』教皇フランシスコ訪日講話集、カトリック中央協議会、二〇二〇年一月、二四頁より）。

教皇フランシスコは訪日中の他の時と違って西坂では極めて「カトリック的」な話をしました。迫害の現実と向き合いながら、そこから得られる至福と救いに集中しました。わかりやすい話し方ではありましたが、キリシタンでない人にとってなぜその苦しみが至福に変わるか理解しにくいでしょう。それでもカトリック教会の理解を全面的に表すことによって怨みや復習を望まないことが伝わる形をとっています。

おわりに

ここまで「至福」という言葉とそれを表す内容について述べてきましたが、重要な概念でありながら、理解と伝達が難しいことに気づかされます。内容はそれであるからこそ、最初から日本語と日本の文化に伝えることが困難でした。日本の教会はキリシタン時代から至福について語ってきましたが、翻訳だけすれば伝わるものではないことがわかります。先輩たちが苦労して残したキリシタン文化としての至福概念を大事にしながら、現代人に通じる形で述べるような促しでもあります。

われまことの幸を求む——私の真福とは

越前　喜六

虚しさのどん底から

私がこの世に生を受けたのは、満州事変が勃発した一九三一（昭和六）年の元旦であった。小学校に上がった一九三七（昭和一二）年には、支那事変（日中戦争）が始まった。そして、旧制の中学校に上がる前の一九四一（昭和一六）年一二月八日には、太平洋戦争が起こった。その戦争が敗戦によって終わったのは、一九四五（昭和二〇）年八月一五日で、私が中学校三年生の時であった。こういうわけで、東北の北秋の小さな町に生まれた私は、十人兄姉の末っ子として大家族の中で育ったが、両親が早く他界していたので、孤独ではなかったが、生きることに喜びも希望もなく、いつもすべては虚しいという無常感に襲われていた。こうした心理状態は、十歳の時まで続いた。その頃、二番目の姉が、カトリックの女子専門学校で受洗して家に帰って来た。その姉から、神さまがいること、よく祈って、良い子になると天国に救われるという話を聴いた。そして子ども向きの『聖教の本』をもらった。姉の話を聴いて、すぐに信じた私は、無常感から解放されたい一心で、すぐ祈り始めた。祈っても何も感じなかったが、戦時中の世の中や暴力学校と言われた旧制中学時代にもかかわらず、さまざまな人生の危険や事故や誘惑から守られたことは確かである。祈りからの慰めは経験しなかったが、受洗か未洗かに関係なく、信仰をもって祈ったことは、神さまに聴き入れられているという確信をもった。前にも書いたことがあると思うが、戦中の末期、中学三年生の私たち一クラスは、山奥の畠山銅山で、勤労動員として採掘と選鉱に携わっていた。空腹を抱え、かなり厳しい労働を強いられていたので、倒れる直前までの疲労困憊であった。それまでは未信者であっても神さまにお祈りしていたが、寝る前にいくら神さまに助けてくださいとお祈りしても、神は応えてくれなかったので、もう祈ることを止めると決心した。すると、言葉で表現できないくらいの魂の暗夜と心の苦しみを経験した。それがあまりに酷いので、神さまからの罰と思い、お赦しください、これからも祈ります、と答えた。すると不思議にも霊的暗黒と心の荒みが消えた。こういう霊的経験をしているので、祈りを断念するということは、決してしなかった。

一九七〇年の一月から、J大学の教員であった私は、大学生や一般人を対象にした「現代キリスト教入門講座」を開講したとき、当時の大勢の大学生（他大学を含め）がこの講座に参加して、主イエス・キリストの福音を学んだ。その結果、少なからぬ若者がカトリックの信者になった。なった以上、カトリック教会の正式のメンバーであるから、主日や祭日のミサに参加するよう勧めた。その原動力になったのは、私自身、子どものときに、「信仰と祈りと愛」を生き方の根幹に据えた経験であった。また、かつてある中・高等学校で、中学生を対象にした「宗研」（希望者にカトリックの教えを講じる宗教研究会）の時も、会の後、自発的に聖堂で祈っていた生徒たちの多くは、その後、受洗した。だから、「学びと祈りと信仰」こそが、本当に幸せを感じながら生きていくための原動力なのではないだろうかと確信していた。これは私の体験に基づく一例である。

それでは洗礼が不要かというと、そうではない。それを、私は十歳から十九歳で洗礼を受けるまでの過程で経験した。その結論はこうである。神がいる。神は愛だ。神は恵みを与えておられる、など主イエス・キリストとその教えに関し、『カトリック要理』やカトリックの哲学や神学（スコラ学）で学んだとしても、所詮それは概念的な知識を身につけただけに過ぎない。日常生活や社会における活動のときに力を発揮するのは、単なる概念的な知識ではない。悟りに近い智慧というか、体験的知識こそがパワーを発揮する源泉なのだ。

私の実家は商店で、書店もやっていたので、新刊書が商品として入荷していた。それを駅に受け取りに自転車とリヤカーで行ったが、店頭に出す前に、面白い本があれば、こっそり隠れて読んでいた。父親に見つかると、本なんか読んで遊んでいるんじゃない、店を手伝えと、小学校低学年の時にはよく叱られたものである。けれども、子どものときの楽しみは、本を読むことと、祈ることであった。

私の故郷には、当時、カトリックの教会はなかった。あったのは聖公会の教会だけであった。子どものときそこの幼稚園に行かされたが、聖堂が薄暗く、好きでなかった。クリスマスに女性の先生からイエス様のお話しを聞いた記憶があるが、印象には残らなかった。それで、神さまを信じて、祈っていた頃は、姉から貰った霊的書物を夢中になって読んではいたが、教会に行きたいとはまったく思わなかった。戦中・戦後の時代の上、虚弱体質でもあったので、早く死ぬものだと思っていた私は、み教えの中にあった「望みの洗礼」を信じて、黙想し、祈禱を唱えたりしていた。

わが故郷は、「裏町人生」の歌謡曲で知られる歌手の上原敏出身の地で、山々に囲まれ、冬は寒く、曇りや雨や雪が多い日本海側（昔は裏日本と言った）で、大きな川（長木川、米代川）に挟まれた盆地である。毎朝、ラジオ店から流れて来る「暗い浮世のこの裏町を」云々を聞きながらの登校は、われながらわびしくも寂しい姿ではなかっただろうか。学校は、戦時中も戦後も私にとってちっとも楽しくはなかった。何しろ家に帰っても、長男の嫁がすべてを取り仕切っていたし、上の兄姉たちは皆、東京や仙台や秋田などに移り住んでいたので、実家には兄嫁とその子ども（女と男）しかいなかった。だから楽しいことなど、あるはずがなかった。学校から帰宅すれば、すぐ部屋に閉じこもって霊的書物や他の書物だけを読んでいた。

ただ、私の二番目の兄夫婦には、子どもがいなかったので、私が養子にされた。そのため、兄嫁の実家は田舎の大地主で、家族も多かったので、学校が休みの時は、バスに乗って、その家に行くのが唯一の楽しみであった、おばあちゃんからは可愛がられ、小さな小学校の子どもたちには家庭教師として算数など教えていたし、またお兄ちゃんと言って子どもたちが慕ってくれたので、可愛くもあり、楽しくもあった。その家に行くためにはバスを降りてから山道を一時間位、歩かなければならなかったが、私の好きなドイツの詩人、カール・ブッセ（Karl Busse, 1872–1918）の「山のあなた」の詩を口ずさみながら、好きな家が待っているという希望と喜びで幸せであった。

山のあなたの空遠く、「幸（さいはひ）」住むと人はいふ。
噫（ああ）、われひとと尋（と）めゆきて、涙さしぐみ、かへりきぬ。
山のあなたになほ遠く
「幸（さいはひ）」住むと人のいふ。

（上田敏訳詩集『海潮音』新潮文庫、昭和二七年一一月二八日）

山国に育った私は、辛いことや寂しいことがあると、遠くの山々を見て、山の向こうに幸いがあるのだと夢見たものだ。それが本当にそうなったのである。一九四九（昭和二四）年三月に新制高校一期生として大館鳳鳴高校を卒業した私は、長野市で出版社を営んでいる兄を頼って信州に向かった。信越線の列車が新潟県から長野県に入る今の妙高高原駅辺りを過ぎたとき、突然眼の前に紺碧の青空に聳える三千メートル級の北アルプスや志賀高原、菅平などが見えた。その時、心の声を聞いた。教会に行こう、そして洗礼を受けよう、という呼びかけであった。それでその気になった私は、善光寺に隣接する兄の家に旅装を解くや、すぐさま善光寺の隣にある城山公園に登って、眼下に広がる長野市を眺めた。当時は人口が七万位の小さな市であったが、寺町だけあって、綺麗で清潔な町であった。が、教会を見つけることはできなかった。西欧風な建物で、尖塔があるものだと思い込んでいたからである。実際は二階建ての古風な日本家屋であった。信者になっていた直ぐ上の兄の紹介で、教会を訪ねた。

主任司祭は、ドイツ人の宣教師で聖フランシスコ会士の神学者のカピストラーノ神父（故人）であった。厳しいながらも、深い愛情を湛えた品性の高い神父であった。私が受洗したいという話をすると、毎週一回の要理の会に出席して、カトリックの教理や戒律や生活法を学ぶよう勧められた。実際にこの年のクリスマスに洗礼を授けてくれたのは、後任のライモンド神父（故人）であったが、この神父も立派で、模範的な生活をされていて多くの薫陶を受けた。

さて、洗礼に少なからず抵抗があった私は、内なる声を聴いて受洗したが、受洗してはじめて神の恩恵（〈ラ〉gratia, グラティア）の力とハタラキということを体験した。たとえば、それまではどんなに熱心にお祈りしても、信じた恵みの効果を経験することはあっても、内心の深い霊的慰めを体験することはなかった。それが受洗後は、霊的慰藉という神と触れあっているという魂の感動や喜びを経験するようになったのである。むろん、たまにではあるが、しかし、洗礼によって三位一体のパーソナルな神が存在し、神さまと智恵とハートによってパーソナルな交わりができるということを体験できたのである。これはかつて聖パウロが、アテネで民衆に説教したときに引用した、ギリシャの詩人の言葉、「我らは神の中に生き、動き、存在する」「我らもその子孫である」（使17・28）という言葉の実感にほかならないと思う。こういう恵みを体験したので、身心健康で信仰と祈りによる求道心がある人には、洗礼を勧めることにしている。なぜこういうことを書くかというと、宗教を信じるのは、病の癒しや健康の保持のために役立つと考えて、受洗を希望する者がいるからである。宗教信仰や祈りが、病いの癒やしに役立つことは私自身も経験しているので、肯定するが、しかし、偉大な聖人で教会博士の聖トマス・アクィナス（一二二五〈二七〉―七四）が、『神学大全』の中で、明確に主張しているように、「恩恵は自然（本性）を前提にし、それを完成する」のである。この命題は、自然が堕落したので、神が恩恵によってその善性を回復されたという風に解釈されてきたが、真実はそうではない。神の創造なさったこの宇宙は、自然性そのものが善に満ちているのである。現在の私はこう考える。神の被造物は、本性上完全であるが、種子のようなものなので、可能態だと見做している。種子が成長して開花・結実するように、万物もその事物の本質が完成を目指して、成長・発展していくのを支援していく。それが恩恵のはたらきではないだろうか。わかりやすく言えば、未完成なものが完成していく。あるいは未熟な物が成熟していく。そういうふうに理解したらいいのではないだろか。この真実を理論的にも実証的にも見事に論証しているのが、山本芳久教授の著書『世界は善に満ちている――トマス・アクィナス哲学講義』（新潮社、二〇二一年一月二五日）[1]である。久しぶりにトマスの思想に出会い、新鮮な感じがした。

私がスコラ哲学や神学を学んだ一九六〇年代頃は、第二ヴァチカン公会議前後でさまざまな問題が議論されていた。たとえば、自然（本性）は善か悪か、人間は完全か不完全かなどもその一つであった。今日の哲学や神学では、公会議の決議が公文書になっているので、随分変化したと思う。結論からいうと、神の創造物（昔は被造物といった）である自然や宇宙は、それ自体神の顕現であるから、善であり、完全である。神が欠陥物を創造することなど、想像もできない。それが私たちにとって、不完全や未完成や悪やさまざまの欠陥物に見えるのは、見る側の私たちが無明の闇に覆われているからである。スコラ哲学を学んでいて、これは素晴らしいと感じたことは少なくないが、ある授業の中で、ラテン語で、Malum est privatio boni.（マルム　エスト　プリヴァチイオ　ボニ）、訳すと「悪とは善の欠如である」という命題を知った。つまり、宇宙には実体としての悪はない、という真理である。これにはさすがの私も、〝すごい〟と感激したものである。要するに、山本教授が書いているように、宇宙、つまり神の創造物は本来、善に満ちているのである。宇宙や世界の悪というのは、要するに善が欠如していることなのだ。あるいはまた、人間の無智から、バーチャルな悪（仮現的な悪）を創造しているに過ぎないのだ。

さて、人間は「神の似像」（創1・26―27）であるから、私たちはある意味で神に似て創造者である。そのことを多くの人々は忘れている。だから、私たち人間の思惟・言葉・行為は何らかの創造力を有しているので、正邪・善悪・真偽など何でも創造できるのである。したがって、現世が腐敗堕落しているのは、人類がそれを創造しているからにほかならない。神仏のせいではない。この世界を本気で変革したいと考えるなら、まず真実に眼を開くことである。それが物欲や金銭欲や名誉・権力欲など私利・私欲・私心に阻まれているので、眼が眩んで真実や真相が見えないのである。そこから一切の悪が生じるのだ。悪を選択し、それに同意するとき、罪を犯すことになる。罪を犯すなら、自業自得で必ず不幸を招くことになる。よくキリスト教徒は、罪を犯すと、主である神が罰するのだと考えている。私自身もそうであった。しかし、実際は神が裁いたり、罰したりしているわけではない。主なる神は、聖書にあるように、無条件で私たちとすべてのものを愛しておられる。天罰があると思うのは、自然法則――これは世界創造のとき、宇宙とその生命に組み込まれた――に反するからだ。仏教では、「善因楽果《ぜんいんらくが》・悪因苦果《あくいんくが》」という。善いことをすれば、幸せになり、悪いことをすれば苦しみ、不幸になる、という定めのことである。これは意識しているか無意識であるかは関係がないと、私は考えている。悪いということを知らなければ罪責性がないと、かつて倫理神学の時に教わったことがあるが、疑問に思っていた。

　人間には「良心の声」があって、何が善で何が悪かを本能的に教えてくれる。だから、安全に生きられるのだ。しかし、少し複雑な事柄であると、何が善で何が悪かは後天的に学ばなければならない。これが本来の道徳教育にほかならない。たとえば、一〇万円を借りたのに、利息が一千円であったのは、善か悪かという問題である。そう考えれば、人生において、「無智」であるということは、最悪のことではないだろうか。私自身は、悪いと知って、悪いことをするのは罪を犯したことになるが、改心する可能性があると考えている。しかし、悪いということを知らないで悪いことをするのは、知らないで焼き火箸を掴むようなもので、その結果はもっと酷くなる、と考えている。寄り道が長過ぎたが、要するに、洗礼によって神の愛と恩恵を体験した私は、究極の真福（真の幸《さち》）は、三位一体の神とのパーソナルな一致にあることを確信したのである。

幸福の人間学序説

キリスト教によれば、人間は「神の似像《じぞう》」（創1・26—27）として創造された。そして、ナザレのイエスを主キリスト（主とは真の神の意、キリストとは救い主〈ヘ〉メシアのギリシャ語）と信仰した人びとには、「神の子」（一ヨハ3・2）となる恵み（超自然的な賜物）が与えられた。それに、人間はもともと「霊と心（精神）と体」（一テサ5・23）という三分法から成り立っている生命体である。「霊」というのは不滅の魂のこと。「心（精神）」というのは知性と感情のハタラキの領域のこと。そして、「自我〈ラ〉エゴ）」というのは、体をもって現世を生きるときの道具として「自分」だと思い込んでいる私でしかない。その私に、これが本当の自分だと盲目的に執着しているのが「我執《がしゅう》」と言われる意識にすぎない。

したがって、人間にとって完全で究極的な浄福は、神学者聖トマス・アクィナス（一二二五〈二七〉―七四）の『神学大全』によれば、「至福直観（〈ラ〉visio beatifica）」つまりパーソナルな三位一体の神を「顔と顔とを合わせて見る」（一コリ13・12）ことにほかならない。教父アウグスティヌス（三五四―四三〇）の『神国論』によれば、世の終わりに、復活した義人たちは、「神を直視して、神を愛し、神を讃えるであろう、終わりなく」と記されている。そのように、神を直視して、智慧と愛によって神と一体となることが、人間にとって究極の幸せではないだろうか。むろん、これは神のまったき恩恵によることであるのはいうまでもない。だからといって、「棚から牡丹餅」のように、ただ口を開けて待っていれば、与えられるというものではない。人間は自律した存在として、自らの自由意志で神の恩恵を望み、求めなければならない。「自然（natura）」と「超自然的（supernaturalis）」の関係については、後で少し触れるが、今の私は、「自然」はそれ自体自律しているが、それは本質的に「超自然」、つまり神に秩序づけられていると理解している。

ともあれ、究極的な目的である神との合一を目指すがゆえに、信仰者は、聖人たちや神秘家たちに倣って、現世への執着を断ち、無一物《むいちもつ》となって、神の愛の海に飛び込むのではないだろうか。私にはそれほどの信仰も勇気もないが、新型コロナによる蟄居生活の中で、神の子としての自覚に目を向け、聖トマス・アクィナスが教える「恩恵（グラチア）は自然（ナトゥーラ）を前提にし、それを完成する」という法則を想起し、まずはじめにすべてを神への祈りの中で願いつつ、祈りの場から立ち上がったならば、あたかも神が不在と思って、人事を尽くすことにしている。

このトマスの金言のような聖句は、昔、私が現役の神学生であったときの神学の教授によると、人祖アダムとエバの堕罪によって、楽園を追放された人間は、本性（人間性）も世界も堕落してしまった。だから、世界は悪になった。それを贖い、救うために、神の御子が救い主として降臨され、恩恵によって、世を贖い、人間性は救われた。つまり、自然や自然性そのままでは、不完全であるだけでなく、腐敗・堕落しているのだ。だから、キリスト教の信仰によって、神による罪悪の贖いと救いの恩恵を頂く必要がある。大雑把に言うと、こういう考え方であった。現代の教会は、第二ヴァチカン公会議（一九六五年）のお蔭で、人間の本性も自然もみな本来、善で尊く聖なるものであることが再認識された。したがって、神が創造され、自然的に賜った能力・才能・機能など、人間でいえば、知性・感情・意志のはたらきなどは皆、人間の進化・発展、さらに社会や世界の進歩・発展に役立たせなければならない。そして、その成果を享受すべきものである。それこそまず神が人間を「神の似像」として創造された目的にほかならないと、信じている。ただこれは、自律的な自然界に関することであって、三位一体の神の超自然的な世界や領域に関することではない。これはあくまでも人間の自然性を超えた次元の話であるから、神からの先験的なハタラキや恩恵（グラチア）がなければ、人間は垣間見ることもできない。それは、聖書に「目が見もせず、耳が聞きもせず、人の心に思い浮かびもしなかったことを、神は御自分を愛する者たちに準備された」（一コリ2・9）とあるように、これはまったく神の啓示や恵みによって、人間に示されたものにほかならない。だから、恩恵は、自然の善性を前提にして、そのはたらきを高め、神との合一と信望愛という対神徳や敬神徳を向上・発展させていくのである。したがって、神を本当に知るためには、私自身が未信者のときに経験したように、まず神を信じ、その啓示を素直に受け入れ、それが真理であると信仰しなければならない。その後で、心を開いて神を信頼し、祈りによって神と交わり、聖書を魂の糧としてよく学ばなければならないと思う。この問題に関しては後でまた言及することにする。

これからは、自然法則に基づく幸福論を少し見ていきたいと思う。「幸福」とは何だろうかという議論にしても、実際の幸福感を含め、千差万別、十人十色で、一人ひとりみな違うだろう。大事なことは、一人ひとりが人間として、「ああ、自分はなんて幸せなんだろう」という充足感を味わい、必要な欲求がある程度満たされ、それができるだけ永続しながら、より高い自己実現に向かって上昇していく心理的な状態ということができるのではないだろうか。私自身の体験に言及するが、一応大学で哲学を学んだ人間として、概念や論理が大切なことはよく承知している。しかし、他者との関わりの中で、説得力を持つのは、やはり体験や経験に基づいた事実ではないだろうか。自慢のために話すのではない。あえて言うなら、証言（証し）である。

私が、イエズス会の修練院に入ったのは、一九五〇（昭和二五）年三月末であった。もう二五歳であった。修練期は二年間で、場所は広島市の長束という所であった。一緒に入ったのは六人であった。先輩には四人がいた。真面目に修練期を過ごしたつもりだが、食事はよかったけれど、お世辞にも面白い生活と感じたことはなかった。しかし、一つだけ証言できることがある。それは初めて「心の平安」という甘美さを経験したことである。この「平安」は、世俗の生活の中で経験したことがなかったものである。これが「神と共にある」ということなのだということがわかったので、修道生活がどんなに辛くても、退会しようとは一度も思わなかった。したがって修道院生活の「幸せ」の一つというのは、「心の平安」であると言うことができるだろう。

さて、多少理屈っぽい話になるが、スコラ哲学科の学生として、ギリシャ哲学を学んでいるとき、アリストテレス（前三八四―三二二）の『ニコマコス倫理学』（全上下二刷、高田三郎訳、岩波文庫、一九七一）が紹介された。その中で、「幸福は人間にとって最高善であり、これは無条件に究極的な価値であり、徳によって達成される」という趣旨の思想を学んだ。つまり、人生の目的は、人間が幸福になることである、というわけである。では、幸福とはどういう状態なのかという問題に関しては、議論が多い。ヘレニズム時代には、快楽主義や禁欲主義や観照的生活や政治的な生活などが唱えられた。ともあれ、自分自身の幸福、他者の幸福、社会の幸福などを願い、求め、その実現のために努力することは、それ自体、愛徳（キリスト教でいう最高の善徳）に適う尊い行為であるといえよう。人は誰でも心から幸福を願っている。それをサポートするのが、私たち人間の愛徳に基づく尊い使命ではないだろうか。その一助として、幸福の問題をさまざまな角度から検討してみたいと思うが、すべての問題に触れる力も余裕もないので、それは他の著者に委ねるとして、自分のできる範囲内で論じていきたい。

さて、近代の幸福論の代表作は少なくとも三つあるという。スイスの哲学者・法学者カール・ヒルティ（一八三三―一九〇九）の『幸福論』、フランスの哲学者アラン（一八六八―一九五一）の『幸福論』、そしてイギリスの哲学者のバートランド・ラッセル（一八七二―一九七〇）の『幸福論』である。それぞれ興味深く、示唆や教訓に富む言葉が多い。

まず、カール・ヒルティだが、彼の伝記を読んで非常に感動したことがある。それは、ドイツの名門の出身のヨハンナ・ゲルトナーと結婚したが、ヒルティによれば、彼女は才徳兼ね備えた立派な女性で、良妻賢母であった。またいつも彼の書記として美しい明瞭な文字で書類を浄書した。四〇年の極めて幸福な結婚生活の後、彼女は夫に先立つこと十二年、一八九七年に帰天した。ヒルティがいかに深く夫人を愛し、かつ尊敬していたかは、「もし来世があるなら、無条件に、心から再会したいと思うものは、ただ自分の妻一人だけである」と書いているのを見てもわかる（『幸福論』草間平作訳　岩波文庫、一九三五、〈解説〉二八七頁）。感動的ではないだろうか。彼は、プロテスタントの信者であるので、神のそば近くにあることが永続的な幸福を約束するという宗教的幸福論を唱えた。

ヒルティは、「人が最も熱心に求めてやまないものは、何といってもやはり幸福の感情である。幸福こそは、人間の生活目標なのだ」（前掲書二〇六頁）と書いている。そして、「幸福は必ず得られるものだと信じている」（前掲書二〇七頁）と言っている。やはり、私たち人間の究極の拠り所が、パーソナルな神であること、そしてその神がすべてにおいてすべてで「ある」ことを信じている人は、いかなる人生の境遇に遭っても強いし、幸せに生きていかれると思う。戦中・戦後の貧しい、雪深き北国で育った私は、神を信じた時からそう確信している。もしその時、神がいることを信じなかったら、虚しさのどん底で生きていた私は、恐らく自殺していたかもしれない。そして、洗礼を受けてからは、社会で生き、働いている時でも、祈りによって助けられなかったことはなかったので、本当に神がいると信じられ、祈っているだけでも幸せであった。私は、長野市で聖フランシスコ会が司牧する教会で、受洗したが、教会の図書室から多くの書物を借りて、愛読した。その中で一番印象に残っているのは、やはりアッシジの聖フランチェスコ（一一八一〈二〉－一二二六）の伝記や著作であった。そこで一番感動したのは、フランチェスコが聖性の高みに達していたので、いつも「わが神、わがすべてよ」と祈っていた、と記されていることである。私はアッシジを三回訪ねているが、中世の雰囲気が残っているような感じがしたものである。本当に神はすべてなのだ。それを悟ったならば、揺るぎなき幸福に満たされるであろう。その点でも、ヒルティのキリスト教的な幸福論には共感する。

ヒルティは、「人類が幸福を求める道は、外的なものには、富、名誉、生の享楽一般、健康、文化、科学、芸術などがあり、内的なものには、やましくない良心、徳、仕事、隣人愛、宗教、偉大な思想と事業に携わる生活などがある」と言っている（前掲書二一〇頁）。その通りだと思う。が、幸福とは平穏・無事な生活ということではない。彼は、ゲーテ自身の言葉を想起せよと言っている。ゲーテ曰く、「結局、わたしの生活は苦労と仕事よりほかに何物でもなかった。わたしの七十五年の間に、本当に楽しかったのは四週間とはなかったといっていい。それは、たえず新たに運び上げようとしても永遠に転がり落ちる石であった」（『幸福論』〈第一部〉岩波文庫二一四頁）。ゲーテのような大天才でも、実際の人生はこういうものなのだろう。人生には苦労が絶えないものだ。けれども、キリスト教の信仰があれば、十字架の磔刑を受けられた主キリストを眺めては、おのが人生の苦労をも幸せに担ってゆくであろう。

彼はまた言う。「人間の本性は、ほんらい決して享楽に向くようにできていない。むしろ常に働くようにできている。享楽は、たとえそれが最高のものであっても、働きの合い間にただ少量だけ用いる薬味であり、気分転換であるべきで、これを過度に用いる者はみな、自分を欺いて結局ひどい目にあうのである」（前掲書二一四頁）。この言葉も真実であると思う。

次に、アラン（筆名、一八六八―一九五一）の幸福論を見てみよう（『幸福論』神谷幹夫訳、岩波文庫、一九九八）。彼は、フランスの哲学者であり、批評家である。彼はまず、「幸福は徳である」という。徳とはラテン語で「virtus〈ヴィルトゥス〉」というが、それは「力」という意味でもある。たとえば、アランはこういうことを書いている。

われわれの力から生まれたものではないような幸福がある。たとえば、遺産を相続する幸福、あるいは宝くじに当たる幸福など。また名誉もそうだ。名誉は偶然のものにすぎないからだ。しかし、われわれ自身の力から生まれる幸福は、反対に、われわれの存在に染み込んでいる。そのような幸福は羊毛が緋色染料で染められるよりも、それ以上にわれわれの存在に染み込んでいるのである。古代の賢人は難船から救われてすっぱだかで陸に上がると、「おれは全財産を身につけているのだ」と言った。同じように、ワーグナーは音楽を身につけている。ミケランジェロは彼の描いた崇高な絵画をすべて、身につけている。ボクサーもその拳と脚とそのトレーニングの全成果を身につけているのだ。お金のもち方にもいろいろなものがある。いわゆる金儲けを知っている者は、全財産を失ってもまだ、自分自身があるから金持ちである。古賢たちは幸福を求めている。隣人の幸福ではなく、自分自身の幸福を。（前掲書三〇〇頁）。

徳によって第二の天性になるくらいの力量を身につけた者は、本当に内的に豊かだし、幸せだと思う。また身につけた能力によって、それに応じた富（物質的・精神的・霊的）を創造することができるからではないだろうか。だから、人はまず自分の素晴らしい可能性を信じ、神から与えられた能力や才能を使って、霊・心（精神）・体を開花・発展させていくべきである。そうすれば、自然に幸福になるだろう。私は、困窮の生活の中でも、他者に物乞いをしたこともないし、施しを受けたこともない。それなのに、今日まで不自由のない生活をしてこられたのは、むろん神の恵みとはからいによることだが、なにより欲を制しながら、人事を尽くしてきたからである。

また、アランはこう言っている。「人に幸福を与えるためには、自分自身のうちに幸福を持っていなければならない」（前掲書三〇一頁）。当然のことだろう。人は自分が持っているものを他者に与えるのであって、持っていないものは与えることができない。これは少し広く考えると、自分自身が実行もしていないことを、他者に強いたり、勧めたりしても効果がないということだ。私はかつて教員であったとき、生徒や学生にいろいろと説教をしたが、説教の内容はまず自分自身が実行していることであった。遅刻するなというなら、まず先生が遅刻しないことだ。よくお祈りしなさい、と言うのなら、まず自分自身がよく祈っていなければならない。教師は言行一致でないと、生徒はついてこない。これはかつて教師であった時の体験である。大学の教員のときも、司祭として信者の司牧に当たる時もまったく同じである。教育者は偽善者であってはならないと思う。

最も幸福な人に関して、アランをこう書いている。

全き意味において最も幸福な人は、着物を投げ捨てるように、別の幸福などまったく平然と舷側の外へ投げ棄てる人であるのは自明だからだ。しかし彼のほんとうの豊かさは棄てない。棄てることができないのだ。……彼らの魂に親密な幸福は、彼らの生命と同じほど深く、彼ら自身と釘で打ちつけられている。彼らは武器でたたかうのと同じように、自分自身の幸福でたたかっている。……彼らは祖国のために死んだから幸福だったのではない。反対に、幸福だったから死ぬ力があったのだ、と。（前掲書三〇二頁）

本書が取り上げた主キリストの「真福八端」の教えも、まさにその通りであると思う。主キリストがまず、私たちと出会われるのは、まず私たちを幸せにするためであった。主キリストと出会って幸せになった暁には、私たちは必要なら喜んで殉教していったであろう。だから、こういう言い方ができるのではないだろうか。「善いことをするのは、幸せになりたいからだ、ではなくて、幸せだから、善いことをするのだ」と。愛が与えることだというのは、愛しているということ自体が幸せなので、喜んで自分が持っている良いものを他者に与えようとするのではないだろうか。まさに、教父アウグスティヌスが、「幸福とは、理解し理解され、愛し愛されることである」（『幸福なる生活について』参照）と書いている通りである。

最後に、イギリスの哲学者・数学者・教育者・政治活動家のバートランド・ラッセル（一八七二―一九七〇）の『幸福論』を小川仁志教授[2]のNHK放送テキスト（NHK出版、

アランは他にも多くの名言を残しているが、紙面の都合もあり、省略したい。

二〇一七年）から引用させていただき、少し人間学的コメントを加えたいと思う。

ラッセルは、イギリスの名門貴族の出身なので、幼少時から特に祖母の厳しいピューリタン（清教徒）的な教育を受けた。ピューリタンというと人間的な欲望は悪、現世は堕落といった禁欲主義や厭世主義を連想する。昔のキリスト教にはこうした傾向があり、私自身も若い頃は、禁欲的で厭世的な性向が強かったと思う。はっきり言うと、人間の自然的な感情や欲望を倫理的な悪と見做していたので、自然に抑圧的な人間になっていたのである。ラッセルの『自叙伝のこころみ――あらまし』によると、「厳しいしきたり上、お客にはぶどう酒を少し出さざるをえなかったが、アルコールと煙草はきらわれた。徳のみが、知性や健康や幸福や、あらゆる現世的善を犠牲にした徳のみが、賞讃された」（小川教授のテキスト一四頁）とある。こういうピューリタン的な考え方に、ラッセルは反対し、克服していったのである。

その結果、彼の幸福論は、大雑把に言うと、〈自分〉の殻に閉じこもることが不幸の原因だということ。だから、幸福になりたかったら、何かを好きになって、〈自分〉から外の世界に出ていき、客観的に生きていくことだという。彼の言葉はよくわかる。というのは、私自身、若い時、救いと幸せは信仰によると信じ込んで、内向的というか内面ばかりを注視する生活に没頭して、外部の世界にはほとんど関心がなかったからだ。そのせいでノイローゼ気味になったこともある。

不幸の最大の原因は、「自己没頭」であるという。現代の引き籠りなどはその一例かもしれない。それには三つのタイプがあるという。①「罪悪感」：つまり罪の意識にとりつかれた人のこと。②「ナルシスト」：自分自身を賛美し、人からも賛美されたいという習慣を持つ人のこと。③「誇大妄想狂」：魅力的であることより権力を持つことを望み、愛されるよりも恐れられることを求める人で、具体的には、ナポレオンやアレクサンダー大王を挙げている。こういう不幸な人々を救うために、ラッセルは『幸福論』を書いたと言われている（同上二二頁参照）。

『幸福論』の第二部で、幸福を獲得するための具体的な方法を記している（同上五八頁以下）。紙面がないので、まとめて書くと、まず不幸を取り除くには、その原因分析をして思考をコントロールすることで、その原因を取り除くことができるという。そしてバランス感覚をもつこと。中庸や節制といってもよいかもしれない。次に外の世界に関心を抱くことが大事だと説く。彼が後年、平和運動に没頭したのは、この外への関心と愛があったからだろう。彼には、有意義な言葉がいっぱいある。最後に彼の〈愛情と幸福の方程式〉を引用する。「つまり、愛情が自信をもたらし、自信が安心感を抱かせる。そうした精神の習慣が源となって、熱意が生まれ、それによって人は幸福になるという理屈である。最上のタイプの愛情が必要だ。それは「相互に与えあうもの」「一つの幸福を共有する結合体だと感じる愛情」などと表現している。つまり、「愛し愛される相互性」のことである」(同上六九頁)。

他にも有意義な言葉がたくさんあるが、紙面の都合で省略せざるをえない。興味ある読者は、それぞれの「幸福論」を読まれることをお勧めしたい。〝読書に優る王道はなし〟とは、かつて若い時、東京の神田で出版業をしていた時に私が作った寸言である。

科学的な「幸福学」の出現に驚く

私は「幸福」という問題を哲学的かつ宗教的に研究し、論じる性向ができているので、「幸福」の問題を脳科学やロボット工学や人工頭脳などを研究する最先端の科学者が科学的学問として取り上げておられることに遅まきながら気がついて感動した。それは慶応義塾大学大学院システムデザイン・マネジメント研究科教授兼同大学ウェルビーイングリサーチセンター長の前野隆司教授の著書[3]に触れたからである。一九七〇年、私どもJ大学の哲学・宗教・神学関係の教員数名が研修合宿をしていた時に、「人間学」という新しい教養科目を立ち上げたが、それ以来、半世紀も経たないうちに、「幸福」が科学や学問の対象になるとは、想像もできなかった。ともあれ、人間にとって一番大切な幸福の問題が、理工系・文系を問わず、堂々と科学的、かつ社会的に論ぜられ、奨励され、実践されていることは、実に喜ぶべきことではないかと思う。

さて、前野隆司教授は、幸福をめぐって、さまざまな示唆や助言や提案をなされているが、その中で特に印象に残っている事柄を取り上げて、少し論究したいと思う。

「幸福学では、幸福を一時的なハピネス（happiness）よりも、身体的、精神的、社会的に良好で満たされ、健やかな状態の持続である〈ウェルビーイング（well-being）〉と捉える」[4]とまず規定されているが、これは国連のＷＨＯの健康の定義にも通じるものがあると思う。が、ＷＨＯの健康の定義には、「魂」の健康という言葉も入っている。魂の健康というのは、宗教的な観点が入っているが、神とのスピリチュアルな交わりや合一があるということではないだろうか。ともあれ、自然的な幸福ということであれば、前野隆司教授の言う通りであろう。すなわち、身心健康で、愛し愛される夫婦や家族がいて、しかるべき仕事に就き、一定の収入があり、衣食住が揃っていれば、一応幸せであると言えるであろう。それは「棚から牡丹餅」のように天から降ってくるわけではないから、ラッセルも言うように、幸福を獲得するために、日々の生活において努力する必要があろう。また、特にウェルビーイングにしても、人間には「魂」という霊的な領域があるので、その視点も加わったら完璧ではないかと思う。特に日本人は現世主義で、こうした超越的な視点が欠如しているので、緊急事態になるとおろおろしてしまうのではないだろうか。ずばり言うと、智慧（悟り）がないのだ。

新型コロナの感染拡大も、ウイルスを見ているかもしれないが、人間を見ていないのだ。そういう印象を私はずっと持っていた。人間を本当に理解するためには、そのスピリチュアル（霊的）な側面をもよく見る必要があるのだ。前述もしたが、人間は身心だけで生きているわけではない。最も重要な領域は、魂（不滅の霊）である。その魂の究極的な願望とは、繰り返しになるが、パーソナル神との知と愛による交わりや合一なのである。だから、日常生活で本当の深い幸福を享受したければ、時々、心を開いて、神に聴き、神に語る「祈り」という行為をしなければならないのだ。

さて、前野隆司教授たちは、色には「赤・青・黄」の三原色と直交があるが、それを応用して幸福には四つの因子があるという。これは興味深い。

第一因子「やってみよう！」因子：これは自分が可能態（いわば種子）であることを自覚し、できる限り自己実現していこう、そして成長していこうと励むことである。たとえば、どんな小さなことでもいいから、好きなことをする。あるいはやりがいのある仕事や活動に励む。あるいはわくわくするような趣味に打ち込むなど、明確な目標があって、それに向かって努力・学習などしていく人は幸せであるという。その結果、それらを通じて自己成長や自己実現などが実感できるので、幸福度が上がるというのである（前掲書四〇頁参照）。

第二因子「ありがとう！」因子：人間は本来、社会的動物なので、他者とのつながりや関わりがなければ健全な生き方ができない。そして、関わり合いからは当然感謝の念が生じてくる。だから、人は孤立しては生きていけない。他者に何か良いことをする。あるいは他者から自分が何か良いことをされる。また感謝し、感謝される。親切にし、親切にされるなど人とのつながりを感じる時、私たちはより深く幸せを経験するであろう。

第三因子「なんとかなる！」因子：悲観的でも、自己否定的でも内向的でもなく、物事を楽観的、肯定的に捉え、何事が起こっても何とかなるさという前向きの態度や自分自身を肯定的に受容する自己受容を心がける。そうすれば未来に希望が持てるようになるだろう。そうすれば、間違いなく幸福度が上がるにちがいない。

第四因子「ありのままに！」因子：人間は神の似像として生まれてくるので、必ず素晴らしい可能性をもって生まれてくる。まずこの真実を信じて、福沢諭吉ではないが、「独立自尊」を心掛けるべきである。私の実家には、この掛け軸があったので、私は子どもの時から、自分の事は自分ですると言い聞かせて生きてきた。だから、戦時中の最悪な世の中であっても、何とか生きてこられたし、必要な時には、それなりの助けが与えられてきて、本当に困ったことはなかったという気がする。むろんこれはみな、神の恵みであると確信しているが、それを括弧に入れても、「人事を尽くして天命を待つ」は真実だと思う。それから、自分らしさというか、個性はみな違う。それぞれがユニークなのだ。私が好きな「雪の結晶」

はどれひとつとして同じものはない、雪のひとひらがそれぞれ完璧に美しいのだ。雪国で育った私にはそれがよくわかる。人もみなユニークな美しさを持って生まれてくる。だから、それぞれがその独自の花を咲かせればいいのである。比較して優劣を競う必要などまったくないのだ（前掲書三九頁参照）。

前野隆司教授は、こうした四つの幸福因子を挙げて、この四つの因子をバランスよく全体性を向上させるのが理想であると説く。理想にはなかなか到達できないかもしれないが、それでもバランスと全体性がそのコツであることを自覚していることは重要である。後は、聖書でいうキリストの法則によれば、「すべて良い木は良い実を結び、悪い木は悪い実を結ぶ。だから、実によって木を判断しなさい」（マタ7・17―20）とある。つまり、結果が悪ければ、原因が悪いのだ。これは現世の状況にも当てはまると思う。新型コロナ対策も、結果を見て、原因である当局者の判断を評価すべきものなのである。

まことの幸福を求む――私の真福求道とは

上述したが、私が子どもの時は、戦中や戦後で貧困と疲弊の環境で世相も暗かった。その上、大家族の家庭だったが、両親が早世し、多くの兄たちも実家を出て、結婚し、働いていたが、結核に罹って早く亡くなった。実家は兄嫁が支配していたので、末子の私は養子になったりもした。が、養親の早死で実家に戻ったりで、幼少時からの虚無感や空虚感は強くなるばかりであった。生きていることがまったく面白くなかった。不幸中の幸いというべきか、今から思うと神のお慈悲と思うが、小学校四年生の十歳の時に、父親が逝去したが、その時にカトリックの専門学校で学んでいた二番目の姉が、帰省していて、カトリックの神さまの話を私にしてくれた。慈悲深い神さまがいらっしゃること、神さまにすがって、よくお祈りし、良い子になろうと努力すれば、神さまと一緒の天国に救われるということであった。それを聞いた子どもの私は、疑うことなどなく直ぐに信じた。そこで、姉は子ども向きの『聖教の本』や祈禱書などを置いて、学校に帰っていった。独りになった私は、夢中になってそれらの書物を読み、すっかり信じて、熱心にお祈りをした。「神さま、どうか可哀想な私を憐れみ、助けてください。お恵みを賜わって、救ってください」と。そして、霊的な書物を姉はいろいろと持ってきてくれたので、精読して、良い子になるように努めた。その一つは、良いと思ったことは直ぐ実行した。町には教会がなかったので、読書と祈りに明け暮れていたと言っても過言ではない。こうしたキリスト教のお蔭でパーソナルな神がいるという拠り所が信じられたために虚無感は無くなったが、人生無常という感情はまだ残っていた。それは私が生まれ、育った自然環境や曇りや雨雪の多い日本海側の天気風土も関係していると思う。というのは、洗礼を決心したのは、やはり三千メートル級の日本アルプスの高峰が紺碧の青空を突き抜けて聳えている信州は長野県の風土に接した時だからである。が、今から思うと、教会も洗礼も知らずに、ただ祈りと読書に明け暮れていた私だが、やはり霊的慰藉というか魂の慰めを経験することはなかったのである。魂の喜びというか、心の平安や高揚を経験し、それがわかったのは、受洗してからであった。人はやはり教会という共同体で、しかも主キリストが制定された洗礼やその他の秘跡を受けなければ、本当に神と出会い、一致することはできないのではないだろうか。

私は山登りが嫌いなのだが、やはり山国で育った人間なんだなぁと思う。富士山に三回も登ったので、少しは登山案内ができると思ったこともある。そのうちの一回は、五合目の峠の茶店から無防備のまま頂上を目指して、剣ヶ峰の測候所（現在はない）まで三時間で登ったことである。登山家ではないので、これは今でも自慢できると思っている。午後二時に登りはじめて五時に頂上に着いたからだ。普通の富士登山は、富士吉田口を五合目から出発し、六時間で頂上に着くというのが、普通のルートである。だから、大抵の登山者は、午后に出発して八合目の山の家で夕食と睡眠を取り、朝四時位に出発して、頂上でご来光を仰ぐというのが定番であった。

さて、何度も自分の霊的生活について書いているので少し申し訳ないと思うが、まことの幸である神との親しい交わりを経験するのは、私の霊的登山なので、くどいようだが、何回でも書かせてもらう。なぜなら、これも主イエス・キリストの証しとなることだと思っているからである。神は万物の創造主として、万物の内に存在しておられる。それで、「我らは神の中に生き、動き、存在する」（使17・28）と言われる。そして、神はすべての人びとの永遠の救いのためにはたらいておられる。しかし、私たち多くの人間は、神秘家や聖人を除き、神のそうした愛と慈悲のはたらきや恵みを体験しないので、知らない。そして知らなければ、無に等しいだろう。神の恵みやはたらきがあることは、キリスト教の信仰があれば、ある程度わかる。けれども、あるスピリチュアル（霊的）な書物を読んでいると、信じて知っているということと、それを経験的に知るということでは雲泥の差があるということを知った。現世では信仰で十分である。来世で神を至福直観するのだからと、かつて神学の教授から教わったことがあるが、それだと信仰を持続させるのは、非常に難しいことではないだろうか、と最近よく思うようになった。しかも、抽象的・概念的に定義された教義を真理であると信じたからといって、それが生きる力になるのだろうか。もしならなければ、何の意味があるだろうかと、疑問に思う人も多いのではないだろうか。

キリスト教で教わった教義が、真理であると信仰して私は、八十年目にもなるが、それが生きる力の源泉になっているかというと、正直なところ、「ハイ」とは言いがたい。カトリックにはミサ聖祭とかご聖体の秘跡などがあって、神の恩恵が事効的〈〈ラ〉ex opera operato, エクス　オペレ　オペラート〉に与えられるという秘跡がある。私は、若い時でも信者になってからは、毎朝、教会のミサに与かった。けれども、やはり神のはたらきや恵みを少しは経験しないと、信仰生活を持続させるのは、容易ではないと思うのである。つまり、何を言いたいかというと、神や聖書の教えを概念的に知っているということは、それだけでも無智よりは、はるかに素晴らしいことだと思う。しかし、あえて言うならば、知っていることを実践してその結果を体験するのと、体験しないとでは雲泥の差があるのではないだろうか。

私は長年の修道生活で、毎朝、瞑想する習慣がある。ある時から、約四十年前に参加した「禅とキリスト教懇談会」(第二バチカン公会議にオブザーバーとして参加されたクウェーカー教徒のダグラス・スティアー博士の提唱で始まった仏教徒とキリスト教徒の指導者の霊性交流と対話)で禅僧の指導で坐禅を始めた。坐禅はカトリックでも流行っているようだが、最初はむつかしいが、毎朝、二〇分でも調心・調息・調身で坐っていると、次第に深い内的静寂の中で、潜心できるようになる。そうすると、感情（ハート）で「内なる声」(これが魂の言葉である）が聞こえてきたり、愛を感じたり、平安や喜びや自由（空を飛ぶ鳥のような何物にも囚われない快適な気持ち）、すなわち内的幸せを感じるようになる。この幸せは、現世が与えるような幸福ではない。まさしく、私の好きな真福の言葉、「神の国は、飲み食いではなく、聖霊によって与えられる義と平和と喜びなのです」（ロマ14・17）にあてはまると思う。そして、これこそ現世で体験できる「真の幸福」、つまり真福ではないだろうか。こうした真福は、現世の日常生活の中で始終経験できるものではない。だからといって、特別な神秘体験というわけでもない。

現世に生きながら、現世の出来事や事物や事柄にとらわれず、神との交わりという魂が志向し、愛し、望む神との合一を意識することはできる。なぜなら、日常生活で働く意識は、主に感覚か思考か感情か意志のはたらきである。いわゆる仏教で言うところの「分別智」である。瞑想は「無分別智」を目指すので、瞑想の時には、至難なことかもしれないが、無念無想を目指すのである。これは極めて困難だが、いずれにしても、瞑想の時は、マインド（知性）のはたらきである思考・思索をやめて、「無」になっていくのである。そうすると、魂というか霊のはたらきともいうべき何とも言えない「安らぎ」がハート（心、感情）を覆ってくる。これが道元禅師の言った「安楽の法門」なのだろうか。ともあれ、坐禅で安楽を体験したら、それに夢中になるのは至極当然のことだろう。かつて曹洞宗の偉いお坊さんの紹介で、永平寺を訪ねたとき、特別に内部まで案内され、説明を受けて感動したことがある。あの気候風土も厳しい、雪深き福井県（昔の越前の国）の山奥にあるお寺で、坐禅という修行をどうしてあそこまでやるのかと考え込んだことがある。悟りを開くためといっても、坐禅という行《ぎょう》それ自体に何らかの甘美な安らぎがなかったら、何であそこまで修行ができるのだろうかという疑問である。私のささやかな体験からいうと、例えば、八日間の大黙想を夏休みの八月、富士山の裾野にある聖心会の聖マリア修道院でやっていると、沈黙の中に何とも言えない甘美な平安を感じる時がある。霊的慰めとロヨラの聖イグナチオ（一四九一頃―一五五六、イエズス会の創立者、『霊操』の著者）は『霊操』に書いているが、人によってその体験はさまざまであろうが、そう表現できるだろう。

ともあれ、日常の生活を営んでいくときでも、突然何とも言えない甘美な平安や喜びを心の深奥で感じることがある。これは聖霊のはたらきであり、恵みであり、愛の賜物であると言ってもよいだろう。が、要するに私が言いたいことは、聖パウロが言った「神の国は、……聖霊によって与えられる義と平和と喜び」（ロマ14・17）だということを体験したならば、どんな苦しく思える修行や日常生活における試練や苦難も勇気と信念をもって乗り越えてゆくにちがいないということである。それが真の幸福というものではないだろうか。多くの聖人や神秘家たち、〈マスター〉は、こうした霊的体験に基づく幸福を体験していたからこそ、英雄的な行動もできたのではないだろうか。決してその逆ではないと考える。自力で英雄的な行為をしようとすることは、まさしく高慢の極みといえよう。真実は逆なのだ。先行的な神の愛と恩寵があったからこそ、神が望まれる英雄的な行為もできたのではないだろうか。
真福とは、神が直接、賦与される幸福なので、それは超自然的な恩恵であって、自力の修行の結果ではない。けれども、それを私たちが経験するためには、謙虚に祈り求めると共に、それを表現したり、実践したりする必要がある。むろん、人間はロボットではなく、神の似像であるから、自然界の秩序の中で、自然的な能力や才能を行使して、善業を行うことができる。またしなければならない。その結果、自業自得という自然法則による結果を招くことになる。例えば「善因楽果《ぜんいんらくが》・悪因苦果《あくいんくが》」ということになる。これは神の賞罰の問題ではなく、法則によってである。けれども、超自然的な領域、つまり霊的領域に関しては、神の恩恵が先行するので、それを自覚して随順するかしないかの決断を私たちはするのである。そこには超自然的な法がはたらくのであろう。

繰り返すが、善業を実践したから、恩恵を頂き、それを体験するのではなく、神の愛から来る先行的な恩恵を頂いているからこそ、善行をするのである。そのように恩恵に促されて、善行をするとき、神の栄光が輝き、人々は多くの霊益を受けるのである。結果が出るためには、原因があって、それに縁が加わらなければならない。それを「因縁所生《いんねんしょしょう》」という。これは釈尊が説かれた法である。

たとえば、潜心で何かインスピレーションを感じたり、グッド・アイディアが浮かんだりしたら、マインドでいろいろと詮索しないで、即実行してみることである。その結果が悪かったら、善霊からのものではないので、即改めることだ。結果が良かったら、それは善霊から来たものだと見做して継続することである。私は今までこうして判断し、行動してきたが、ほとんど問題はなかった。結果は良かった。だから、感謝あるのみである。また、何かに気がつくか、意識したときには、それに素直に応えて、善業を行っていくべきではないだろうか。物事や行為が善か悪かを識別するのは、理性ではなく、霊性によってである。その一例は、愛徳ならば、どちらを選択するだろうかと「内なる声（魂）」に聴くことだ。親しい友人に久しぶりに会った。自由時間があるようなので、とある居酒屋に誘って団欒した。その結果、相手が喜んだだけでなく、自分も嬉しく、満足した。これは善霊の誘いか悪霊の誘いか、読者のあなたはどう判断するだろうか。何だか難しくなったかも知れないが、要は「善は急げ」で、実行の結果が良ければ善で、そうでなければ悪だと判断してよいだろう。ともあれ、こうした鍛錬か訓練をふだんからしていれば、善行は習慣（徳）になり、容易になる。そして、霊性という「内なる声」もよく聴こえてくるようになるだろう。

要するに、死を間近に迎えようとしている今の私にとっては、三位一体のパーソナルな神の子として、臨終の時、神に面と向かって、「あなたはわたしの主。あなたのほかにわたしの幸せはありません」（詩16・2）と申し上げたいのである。

それを目指して、現世では、「聖霊によって与えられる義と平和と喜びの神の国」（ロマ14・17）という真の幸福、すなわち真福を享受したいのである。こういう幸から比べれば、アヴィラの聖テレサ（一五一五―八二）の言ではないが、この世の富・権力・名誉・享楽などは塵芥《ちりあくた》に過ぎないのではないだろうか。[5]

注

（1）山本芳久（やまもと・よしひさ）：一九七三年生まれ。東大大学院人文社会系博士課程修了、博士（哲学）専門は哲学・倫理学（西洋中世哲学・イスラーム哲学）、キリスト教学。カトリック信者。東京大学大学院総合文化研究科教授。

（2）小川仁志：一九七〇年、京都府に生まれ、哲学者。京都大学法学部卒、名古屋市立大学大学院博士後期課程修了。博士（人間文化）。徳山工業高等専門学校准教授、プリンストン大学客員研究員を経て現職。大学で新しいグローバル教育を牽引する傍ら、商店街で「哲学カフェ」を主宰。山口大学国際総合科学部教授。

（3）前野隆司（まえの・たかし）：山口県生まれ、広島県育ち。東京工業大学卒、同大学院修士課程修了。キャノン株式会社に勤務、カリフォルニア大学バークレー校客員研究員、ハーバート大学客員教授、慶應義塾大学理理工学部教授などを経て、現職。博士（工学）。研究分野は、ヒューマンマシンインタフェースから、幸福学、感動学、共感学、イノベーション教育、コミュニティデザインまで、幅広い。

（4）前野隆司・小森谷裕志・天外伺朗共著『次世代日本型組織が世界を変える』（内外出版社、二〇一八、四頁）。

（5）「聖霊によって与えられる義」：「神の義」とは、神が「よし」と認めることではないだろうか。現在は、「義認」と訳されている。聖アウグスティヌスは、「正義とは、愛の秩序である（Justitia est ordo caritatis.）」と言っていると教わったことがある。神の正義には、人間世界にあるような冷酷な正義ではなく、愛に溢れた温かな正義であると信じる。だから、人間界でも、正義を主張するときには、自分自身も罪を犯し易い人間であることを自覚して謙虚になり、その上で、例えば裁判の場合でも、被告も神の似像であることを想起し、愛徳をもって法律に基づき裁いて欲しいと願う。私はカトリックの神父であるから信者の罪を赦す権能を授かっている。けれども、告解場で信者の罪を聴くときには、愛徳をもって聴き、罪を赦すのである。

心の貧しい人々は、幸いである

心の貧しい人々は、幸いである、天の国はその人たちのものである。（マタ５・３）

ホアン・アイダル

天の国を所有する「貧しい人々」とは誰か？——一つの回答

まず、私自身の個人的な経験からお話しします。私が生まれて初めて洗礼を授けたのは、九歳の女の子でした。そのとき私はまだ司祭ではありませんでした。当時、イエズス会の神学生として、アルゼンチンのある小教区で週末だけお手伝いをしていました。ブエノスアイレスの貧しい地域にあったその教会の近くで、車が少女をはねるという交通事故が発生しました。大きな衝撃を受けた少女は意識を失い、市内に多数あった公立病院の一つに救急車で搬送されました。教会での仕事を終えた私は、少女がどこの病院に運ばれたのかを調べることにしました。その子はきっと、この小教区の貧しい家庭の娘だろうから、訪ねて行って力になってあげたいと思ったのです。ようやく彼女が入院している病院を突き止めて、午後七時頃に病院に到着しました。その女の子は、とても大きな病室の中で他の多くの病人に囲まれて、ほとんど危篤に近い状態でした。女の子の母親はベッドの横の椅子に座っていました。「娘は洗礼をまだ受けていないので、自分はどうしても洗礼を授けてあげたい」と、母親が私に話してくれました。そこで、看護婦さんに水を一杯もらい、傷や包帯があるので頭に水をかけることができなかったので、彼女の右腕に水をかけて洗礼を授けました。

その子の名前はクララでした。これは、私の人生で決して忘れることのできない名前と体験になりました。それは、私にとって初めて授けた洗礼だったから、あるいは特別な環境下で行われたからという理由だけではなく、この初めての洗礼を通して神様が私に対して、その後の人生のために非常に重要なことを教えてくださったのだと確信したからです。この九歳の少女の姿は、すべての人間の姿であると、私はいつも思わずにはいられません。なぜなら人間は、一方では極めて貧しく、他方ではこの上ないほど豊かでもあります。また一方では常に傷つき、無防備のまま死の淵に立たされていながらも、他方では、人間は神の子でもあるのです。すなわち、極度の貧困でさえ、人間が有する神の子としての尊厳を奪うことができないだけでなく、むしろある意味で、貧しさによって人間の尊厳がより明らかになるのです。

山上の説教の真福八端でイエス様が「貧しい人々」を表すのに使ったギリシャ語の言葉は「プトコイ（ptochoi）」でした。これは「乞食」という意味になります。それはすなわち、無一文で何も持っていない人、つまり物質的な意味での貧しい人々を表す言葉です。例えば「プトケイオン（ptocheion）」という単語は「貧者のための保護施設」という意味になります。さらに、動詞「プトケオ（ptocheuo）」は「物乞いをする」と翻訳されます。マタイの福音書では、このような「貧しい」という一般的な意味にとどまらず、これに加えて、「心の」という表現が付け加えられているのです。「心の貧しい人々」という不思議な表現は我々を驚かせ、我々を注意するようにと諭すのです。なるほど「貧しさ」あるいは貧しさに対して約束される「幸福」を語るときには注意が必要であり、貧しさという言葉も幸福という言葉も、一般的にその用語が有する「文字通りの意味」や「一般的な意味」を超えて、これを捉えなければならないと、福音書は我々を諭しているのです。

以上を踏まえると「天の国を所有する『貧しい人々』とは誰か」という問いに対して、まずは「すべての人間です」と回答することができるでしょう。なぜなら、人間というものは誰もが物乞いであって、本質的・必然的に「極貧状態」にあるからです。人は一人で物理的にも精神的にも生きていけないものです。人間は、揺りかごから死の床に至るまで、他者からの施し、あるいは「お恵み」がなければ生きていけないものです。人間は自ら、自分自身に命を与えることは不可能であって、さらに同様に、真実も、自由も、善も、赦しも、どれをも自分に与えることはできません。これらすべては、人生のあらゆる瞬間において、施されて与えられるものです。

彼らはすべて、あなたに望みをおき
ときに応じて食べ物をくださるのを待っている。
あなたがお与えになるものを彼らは集め
御手を開かれれば彼らは良い物に満ち足りる。
御顔を隠されれば彼らは恐れ
息吹を取り上げられれば彼らは息絶え
元の塵に返る。（詩104・27—29）

物質的な貧しさと豊かさ

しかしながら、イエス様の言われる「貧しさ」を、人間の「実存的」な貧しさに限定して捉えるという見解は、私にはどうしても正確ではないように思えます。実際に、ルカの福音書では「貧しい」という言葉の前に「心の」という表現が付け加えられず、この福音書では「貧しい」という言葉は、「物質的」な本来の意味にかなり近いものになっているのです。

さらに、二つのことをここで特に注意すべきでしょう。まずは、物質的な豊かさの危険性についてイエス様が何度も厳しく警告し続けたこと、そして、イエス様とその弟子たち自身が物質的な意味でも貧しかったこと。この明白な二つの事実を忘れてはいけません。では、貧しさには何か善い側面があるのでしょうか？　そもそも、物質的な貧しさは、我々を何らかの意味で御国の幸福に近づけるものでしょうか？

貧しさについて語るとき、あまりにもロマンチック（情緒的）になりすぎないように注意しなければなりません。実際に物質的・社会的貧困は善いことではありません。イエス様も教会も、貧しい人々を貧困から救うために常に奮闘してきました。そもそも、貧しさを現実離れしたロマンチズムで語れるのは、裕福な人だけです。「貧しい」とは、勉強したいのにできないこと、誰かを経済的に援助したいのにできないこと、大切な人を病院に連れて行けないこと、街角で失礼な扱いを強いられること、明日のことを考えて不安なまま横になることです。このような状況には、善いことは何一つなく、幸せとは程遠いものです。しかも、物質的・社会的な貧しさは、それ自体が危険なものだと言うこともできます。貧困は家族内の緊張や喧嘩の原因となり、恨みさらに絶望を招くこともあるからです。

それでもやはり、イエス様は、貧しさよりもはるかに危険なのは富だと考えているようです。福音書の中には、イエス様が「貧しさに注意しなさい」等と言われるような箇所はありませんが、多くの財産を所有することの危険性をイエス様が警告している箇所は無数にあります。例えば、本題の「天の国は貧しい人々のものである」という表現と、「金持ちが天の国に入るのは何と難しいことでしょう」（マタ19・23）という表現を比較してみるとよいでしょう。このように福音書では、「金持ち」は実質的に「天の国に入ることができなかった人」と同じ意味になっているのですが、それはすなわち、イエス様のメッセージに無関心な人のことを指しているのです。

富の豊かさがもたらす弊害については、今の世の中を見れば十分に理解できると思います。教皇フランシスコは、常にこれを注意しておられます。世の中の財産が増加して豊かになったからといって、人間らしい生活ができるようになったとは、極めて言い難いことでしょう。それどころか、富が世界にもたらしたのはむしろ、さらなる暴力、さらなる無関心、さらなる虚栄心、さらなる悲しみであったことは明らかでしょう。豊かになったことで、世界は確かに快適になりましたが、善くはなりませんでした。私の友人の神父は、技術の進歩を以下のように説明します。「現代の世界は、段々と役に立つ便利な物を作り出して、段々と役立たずになってしまった人々に持たせるのです」。我々が貧しさについて語るときに、おめでたいロマンチストになってはいけないと言うなら、富について語るときには、なおさらのことです。もっとも、ここで「現代の世界」について指摘されることは、それぞれの家庭や、各個人についても容易に適用できることでしょう。

イエス様は、富や豊かさについて、二つの危険を指摘しておられます。まずは、富は我々に虚偽の安心感を与え得ること、そして、我々を盲目にすること、この二つの危険があるのだと言われます。

富（名声や、お金や、知識なども）は、我々の本質的な貧しさ――すなわち、我々がすべてにおいて神に依存していること、聖性に欠けていること、我々の罪、我々の苦悩等――を治癒することはできませんが、それを忘れさせることはできます。やはり人間は自己欺瞞のスペシャリストです。例えば、法律を守り、社会から尊敬され、経済的に余裕があるので何かしらの「善行」を行うことができるというだけで、自分は「善人」だと思っている人がどれだけ多いことでしょう。「イエスは彼らに言われた。『どんな貪欲にも注意を払い、用心しなさい。有り余るほど物を持っていても、人の命は財産によってどうすることもできないからである。』」（ルカ12・15）。

他方で、富によって人が盲目になることも、イエス様はご存知です。実は、イエス様が批判された「盲目の文化」は、教皇フランシスコが「廃棄の文化」と呼ぶものに他なりません。これについて、教皇様の一つの文章を引用させていただきます。

現代の支配者は人間ではなく、通貨なのです。富が命令するのです。人間は利潤と消費という偶像の犠牲とされています。すなわち「廃棄の文化」です。コンピューターが壊れたら一大事です。しかし、多くの人々の貧困や困窮や悲惨な状態は日常茶飯事となります。たとえば、ある冬の夜、野宿する一人の人が死んでも、ニュースにはなりません。それは日常的なこととみなされます。しかし、ある都市の株式市場で一〇ポイントの下落があれば、一大事です。一人の人の死はニュースになりませんが、株式市場の一〇ポイントの下落は一大事なのです。このようにして人間はあたかもごみのように捨てられるのです。この「廃棄の文化」は普通の考え方となり、すべての人に悪影響を及ぼしつつあります。もはや人間のいのちも、人格も、尊重し、保護すべき第一の価値とは考えられません。（教皇フランシスコの一般謁見演説・二〇一三年六月五日）

富を所有することで、苦しんでいる人は自分のせいで苦しんでいるのだと責めるようになることさえも考えられます。「貧乏人は努力しないから貧乏なのだ」、「人は先見の明と責任感がないから苦しむのだ」、「人は社会に適応できないから差別されるのだ」等と言うようになるのです。このような嘘を用いれば、完璧な自己欺瞞が完成します。なぜなら、自分のせいで苦しんでいる人を、助ける義務は誰にもないからです。

しかし、富によって発生する別の種類の盲目もあります。それは、天の国に対する盲目、神様に対する盲目です。フランスの思想家、シモーヌ・ヴェイユ（一九〇九―一九四三）は、無神論の主な原因は恐怖にあるのだと主張しました。それはすなわち、偶像を壊すことへの恐怖。あるいは、偶像が自分を救うことができないことを認識することへの恐怖です。聖書では、偶像とは、神ではないのに神の代わりをしているすべてのものを指します。すなわち、与えることのできない救いを約束するすべてのものです。そしてお金はすべての偶像の象徴とされます。人は、自分の偶像にしがみつきます。その偶像は、例えば自分自身のイメージ、あるいは名声や経済力によって得られる安定の確保、あるいは何かしらの中毒状態かもしれません。その偶像なしには生きていけないと考えてしまうので、それにしがみつくのです。この人がもし、その偶像が自分を貧しさから救うことはできないと自分に言い聞かせて、その偶像を手放す勇気さえ持っていたならば、彼は、人間には偶像が必要ではないと気づくことでしょう。なぜなら、人間には、偶像などよりもはるかに素晴らしいもの、すなわち神の愛が、人間に与えられているからです。実は、このような「偽りの豊かさ」、つまり偶像に基づいた豊かさによって、我々が有する真の豊かさが悟れないようになってしまっているのです。真の豊かさとは、神様だけが与えることのできる富、すなわち「虫が食ったり、さび付いたり」（マタ6・19）しないところにある富です。

神様がいかに我々を愛しているか、実はその愛を発見するためには、正直であること、それだけが必要です。貧しい者とは、正直な者を意味します。確かに、自分は自分以上の存在であるふりをしたり、自分とは違う別の存在であるふりをしている人を愛することは事実上不可能です。誰かを愛するためには、まずその人が我々を信頼し、ありのままの自分を見せてくれることが必要です。これは、人間同士の関係においても、人間と神様との関係においても当てはまるものです。富は、中毒性のあるきわめて危険な偽装なのです。

だからこそイエス様は、貧困にはさまざまな危険性が伴うにもかかわらず、貧しい人が天の国に入るのは金持ちよりも容易であると考えているのです。貧しさは我々を欺くことができません。すねたりひがみっぽくなるようなことはあっても、盲目になることはありません。イエス様の貧しい人に対する「肯定的」な見方は、彼の罪人に対する「肯定的」な見方と似ているように私は思います。イエス様は、律法を守っているから自分は正しいと思っていた人たちに対して「はっきり言っておく。徴税人や娼婦たちの方が、あなたたちより先に神の国に入るだろう」（マタ21・31）と言われました。やはり物質的な貧しさも、あるいは法の前で明らかになった罪も、自分は無力で罪人であるという、己の深い真の状態を隠すことを許さず、それをさらけ出してしまう利点があります。だからこそ、貧しい人――あるいは法に従わない罪人――は、真の豊かさ（すなわち幸福、神との友情、赦し、救い）は恵みであって、それを謙虚に願い求める「乞食」だけが受け取ることができる恵みだということを、金持ちよりもはるかに理解しやすい状態にあるのです。「主よ、わたしはあなたを自分の屋根の下にお迎えできるような者ではありません。ただ、ひと言おっしゃってください。そうすれば、わたしの僕はいやされます」（マタ8・8）。このように祈ることができるのは、罪人だけです。そして、貧しい人だけが、イエス様の次の言葉の意味を理解することができるのです。

あなたがたのうちだれが、思い悩んだからといって、寿命をわずかでも延ばすことができようか。なぜ、衣服のことで思い悩むのか。野の花がどのように育つのか、注意して見なさい。働きもせず、紡ぎもしない。しかし、言っておく。栄華を極めたソロモンでさえ、この花の一つほどにも着飾ってはいなかった。今日は生えていて、明日は炉に投げ込まれる野の草でさえ、神はこのように装ってくださる。まして、あなたがたにはなおさらのことではないか、信仰の薄い者たちよ。（マタ6・27―30）

天の国を所有する貧しい人々とは誰か？――より良い回答

イエスはエリコに入り、町を通っておられた。そこにザアカイという人がいた。この人は徴税人の頭で、金持ちであった。イエスがどんな人か見ようとしたが、背が低かったので、群衆に遮られて見ることができなかった。それで、イエスを見るために、走って先回りし、いちじく桑の木に登った。そこを通り過ぎようとしておられたからである。イエスはその場所に来ると、上を見上げて言われた。「ザアカイ、急いで降りて来なさい。今日は、ぜひあなたの家に泊まりたい。」ザアカイは急いで降りて来て、喜んでイエスを迎えた。これを見た人たちは皆つぶやいた。「あの人は罪深い男のところに行って宿をとった。」しかし、ザアカイは立ち上がって、主に言った。「主よ、わたしは財産の半分を貧しい人々に施します。また、だれかから何かだまし取っていたら、それを四倍にして返します。」イエスは言われた。「今日、救いがこの家を訪れた。この人もアブラハムの子なのだから。人の子は、失われたものを捜して救うために来たのである。」

（ルカ19・1―10）

上述の通り、我々は「貧しい人々」という言葉について、その第一の意味について考察いたしました。それによれば、貧しい人とはすべての人だという意味になります。さらに、物質的な貧しさ（貧困）は、己の本質的状態である「貧しさ」について我々をより敏感にさせ、それによって我々が「正直」になるように促し、神や他の人から愛されること、豊かにされることを可能にするのだと述べてきました。

さてここから、この言葉の第二の意味について考察してみたいと思います。この第二の意味は、上述した第一の意味を前提としています。なぜなら、謙虚に自分の貧しさを認識し、神によって豊かにされること（すなわち赦され、慰められ、養われること）をゆるした者だけに、この第二の意味が実現されるからです。あるいは、以下の表現がより適切かもしれません。すなわち、自分の貧しさを日々認識し、神によって自分が豊かにされることを日々ゆるす人にのみ、この第二の意味が実現するのです。

私の友人の神父は、山上の説教の真福八端はまるで宝くじと同じだとしばしば話していました。なぜなら、たくさんのくじの中から自分の番号が当選する可能性の低さを考えはじめてしまうと、結局は宝くじを買うのを諦めてしまうでしょう。しかし、あまりに低い当選確率を考えるのではなく、宝くじが当たったときにもらえる賞品を見ることから始めれば、宝くじを買わずにはいられないことでしょう。だからこそ、私の友人がよく言っていたように、山上の説教の真福八端を読むときには、それぞれの至福の条項の終わりから読み始めるのがよいようです。すなわち、各条項の最初の部分（幸いといわれる貧しい人々、悲しむ人々、心の清い人々など）から始めてしまうと、山上の説教はあまりに達成不可能で、落胆させるだけの理想のように見えてしまいます。しかし、それらの条項に約束される報い（天の国、慰め、神を見ることなど）を考慮することから始めるならば、山上の説教はもはや、魅了されずにはいられないほど、大きな憧れへとかわるのです。

どうも、私の友人の上述の助言は、心理学的な観点からだけでなく、聖書解釈学的な観点からみても非常に優れた助言だといえると思います。山上の説教の真福八端の各至福の条項の最後から捉えはじめることは、それぞれの意味を理解するのにきわめて有効な方法だといえます。少なくとも、第一の至福の場合、それが完璧に当てはまるものと思われます。

さて、この考察の対象である聖書個所の最後の部分から読み始めてみると、まず、この至福で約束される報いが現在形で書かれていることが印象的です。「心の貧しい人々は、幸いである。天の国はその人たちのものである」と書いてあるのです。他の至福の条項では、一つの例外を除いて、すべては未来に授かる報いとして述べられてあります（例えば「その人たちは慰められるであろう」や「その人たちは神を見るであろう」あるいは「その人たちは満たされるであろう」等）。

したがって、イエス様にとって「心の貧しい人々」とは、最も深い厳密な意味でいえば、すでに天の国に入っている人を指しているのです。言い換えれば、聖書で「安息日」（休息のシャバット）といわれるものに入った人々を指していると言えます。実際に、イエス様が啓示された神を信じるということは、まさに旧約時代のときから未来に約束されたすべてのことが「すでに成就し始めている」ことを信じることであると、イエス様が多くの例示を用いて示されました。「宴会」「休息」「裁き」「収穫」「新しいぶどう酒」など、旧約聖書において未来の報いを指すものとして用いられていた言葉を、イエス様は今の時代を指すために用いるのです。イエス様の福音を信じるということは、もはや「ほかの人を待つ必要はない」（ルカ7・20）ことを信じることであって、自分が神の子だということを認識・自覚するということは、真の平和、魂の真の休息を、今すでに有することを意味するのです。

やはりイエス様にとっての「幸福」とは、単に問題がないことよりもずっと深く、しっかりしたものであることは明確です。イエス様が我々に啓示してくださった神の愛は、身体的な健康をもたらしたり、経済的な問題を解決したりするものではありませんが、それらの状態の有する「力」を取り除いてくれるのです。我々の人生をつかさどるのは神であって、問題や困難に支配されていません。聖パウロが死について言われた以下のことば「死よ、お前の勝利はどこにあるのか。死よ、お前のとげはどこにあるのか」（一コリ15・55）は、差別や、仕事上の問題や、誤解されることや、病気など、我々の人生において苦しませるあらゆる死の状態についても言えることになるのです。自分の毎日の貧しさを神の手に委ねる人は、さまざまな問題のみならず、自分の罪さえも、神の手から我々を引き離すことができないことを学ぶのです。それはつまり、貧しい人、聖なる人であった聖パウロが言われたように、「もし神がわたしたちの味方であるならば、だれがわたしたちに敵対できますか。高い所にいるものも、低い所にいるものも、他のどんな被造物も、わたしたちの主キリスト・イエスによって示された神の愛から、わたしたちを引き離すことはできないのです」（ロマ8・31、39）。

聖人たちにみられる平和と喜びこそ、神の約束される報いがこの世ですでに成就していることを証ししていると言えます。ただしこれは、聖人に列せられた「有名な」聖人だけを指しているのではなく、教皇フランシスコが「隣人の聖人」と呼ぶ、貧しい中でも幸せに暮らすすべての人々をも指しているのです。

したがって、この深い意味での「貧しい人」とは、人生のどのような具体的な状況に置かれていたとしても、これ以上何も探す必要がないこと、これ以上何も望む必要がないこと、これ以上何も恐れる必要がないことを知っている人のことを指しているのです。それは、自分の人生が神の手の中にあり、そこから決して落ちることはないということを知っている人です。その人は、アビラの聖テレサと口をそろえて、「神をもつ者には欠けるものなく、神のみで足りる」と言える人のことです。そして、このような状況は、すでに「さとり」に到達した一部の神秘主義者だけに可能なことではありません。ガリラヤでイエス様が福音を宣べ伝えた人々は、さとりの境地に到達できた聖人たちだったとはとても言えないような人々でした。ここで簡単な例を挙げてみたいと思います。多くの人は、教皇フランシスコの簡素な生活に注目しています。彼のライフスタイルは極めてシンプルで、彼の身に着ける服も、乗っている車も、靴などもそうです。確かにその通りなのですが、私の考えでは、教皇フランシスコの生きざまの一番の魅力は、彼自身が必要ないと思っているからこそ、多くのものを持たずに生活していることにあると思います。別の言い方をすれば、神のため、そして人のために生きることに最大の喜びを感じているからこそ、高級車や派手な服を持たなくても喜んで生活できるわけです。繰り返しになりますが、「神をもつ者には欠けるものなく、神のみで足りる」のです。なるほど、聖人がみな清貧な生活をしていたことも不思議ではありません。自分が神の子であることを自覚している人はもはや、他人からのお世辞や、豊かな生活や、あるいは肉体的な健康を必要とするでしょうか。神が自分の父であることを知っているのに、いったい誰が偶像からくる安心感を必要とするでしょうか。

最後になりますが、我々が常に覚えておかなければならないことがあります。それは、我々が神の恩恵によって、すでに神の愛と赦しを得ているという確信があったとしても、だからと言って、我々が世界や他の人々の問題に無関心であってはならないということです。神の国、すなわち神が望まれる世界とは、何よりも、誰もが他の人の必要性に関心を持ち、助け合う兄弟姉妹の世界なのです。そして、自分の持っているすべてのものが神から無償で与えられたものであることを自覚している人ほど、そのような世界を実現するために、努力する人でしょう。また他方では、自分が神の手の中にいるという確信があるからこそ、正義のために自由に戦うことが可能であり、あらゆる批判や迫害を前にしたとしても、それに直面するための強さが与えられるのです。聖人の中で「貧しい人」ではなかった人が一人もいなかったとすれば、兄弟を助けるために可能の限りを尽くさなかった聖人も一人もいないのです。だからこそ、冒頭で引用したザアカイの物語は、真の心の貧しさを表す最も優れた聖書の箇所の一つだと言えます。つまり、確実に愛されているという安心感、赦されているという確信、喜び、感謝、自由、そして溢れんばかりの寛大さ、天の国を所有するということは、まさにこれを指すものです。

最後に、マドレーヌ・デルブレル（一九〇四―一九六四）が書いた美しい祈りの言葉で、山上の説教の真福八端の第一の至福に関するこの解説を終えたいと思います。私が心の底から尊敬するこの貧しくも幸せな女性は、パリの郊外地域に住む人々のために生涯をかけて、奉仕する人生をおくりました。

心の貧しい人々は、幸いである、
天の国はその人たちのものである。

貧しい生活には面白みも魅力もない。
貧しい人はみんな、このように考えるだろう。
天の国を所有すること、これにこそ魅力を感じるが、
貧しい人々だけがそれを所有するようだ。

だから、私たちの喜びが、手も頭も心も空っぽにして
日々を過ごすことだと思わないでください……
いいえ、私たちの喜びはむしろ、
過ぎ越してゆく天の国のために、
私たちの手と頭と心に場所を作りながら

日々を過ごすことにあるのだ。

天の国がこんなに近くにあること、
神がこんなにも、私たちの近くにおられること、
これがわかることは、何と驚くべきことだろう。
神の愛が私たちの中に、そして私たちの上にあること、
これを知ることは、何と不思議なことだろう。

それなのに、心の貧しさという
唯一の扉を、その愛に開かないなんて……

あなたの富が神の御心によって去るとき、
貧しさではなく、豊かさだと考えなさい。

盲人が手探りで故郷に帰るときと同じように、
御国の空気を吸って、

目に見えない、その太陽の下で身を温め、
足元にしっかりと地面を感じなさい。

「私はすべてを失った」とは言わずに、
「私はすべてを手に入れた」と言いなさい。
「私はすべてを奪われた」とは言わずに、
「私はすべてを授かった」と言いなさい。

先入観を持たず、疲労を予見せずに、
旅に出ることにしよう。
神について、一切の計画を持たずに、
神の記憶さえも持たずに、
熱意も、書物も持たずに、
ただただ神に会うために
旅に出ることにしよう。

神は旅の終わりにではなく、
途中に出会えるということを知りながら、
神を発見するために、地図を持たずに出発しよう。

独創的な方法で神を見つけようとはせずに、
平凡な生活の貧しさの中で、
神が自分を見つけてくださるようにしなさい。

単調さも貧しさの一つ、それを受け入れなさい。
美しい空想の旅を求めてはならない。

神の国の多様性にこそ喜びを見出し、
それに満たされるようにしなさい。

自分の人生に関心も興味も持たないようにしなさい。
人生についての心配もまた、富なのだから。

そうすれば、老いは誕生について話すものとなり、
あなたに対して、死は復活について語るようになるだろう。

もしも、あなたが本当に天の国を愛しているならば、
あなたの知性が、神聖な物事を忘れてしまうことを喜び、
それによって、ふさわしく信じようとするだろう。

もしも、あなたの祈りから、
心温まる感情が奪われてしまったなら、
感覚によって神に到達することができないことを
あなたは知るに至るだろう。

もしも、あなたが落胆しきっているなら、
自分が希望に適した状態にあることを知って、
あなたは喜ぶことだろう。

もしも、人が退屈に見えて、
あなたの心が不幸に思えるなら、
自分の中に静かな慈しみがあることを知って、
あなたは喜ぶことだろう。

とうとう、完全に貧しくなったとき、
世界がぼろ屋敷にしか見えず、
自分には飾りようのない貧しさしか見えないとき、
あなたは影の目を思い浮かべなさい。
その目はあなたの魂の中心で開かれて、
言葉で言い表せない何かを
じっと見つめているのだ。

あなたは喜びなさい
天の国はあなたのものである。（Madeleine Delbrel, "La joie de croire", 3.）

悲しむ人は、幸い

悲しむ人々は、幸いである。その人たちは慰められる。（マタ5・4）

増井　啓

悲しいときに人はどう対処し、どのように慰めを期待すれば良いのだろうか。本稿では、わたし自身の体験から、特に、イエズス会員として、聖イグナチオ・デ・ロヨラの『霊操』を用いて行ってきた霊的な歩みをまとめてみたものである。したがって、悲しみの原因やその程度については、まったく私個人の体験によるものであることを最初に断っておく。

悲しい時の自分との付きあい方（祈り方）

悲しみは「心の叫び」だ。悲しい時は、まずその叫びをどう言い表せば良いのか（悲しみをどのように考えれば良いのか）悩む。祈りに通じていなかった時には、その気分に流されるままであっただろう。しかし、日々の祈りや黙想の時を重ねるにつれて、自分の心と向きあう誠実さを求められるようになってからは、悲しみと取り組むようになった。

（1）導入（詩43・2―3）

わたしののがれ場、わたしの神。どうして　わたしを見捨てられるのか。どうして　わたしはしいたげられ、嘆きのうちに歩むのか。あなたの光と　まことを送って　わたしを導き、あなたのすまい、とうとい山に　わたしを招いてください。

最初は、自分の悲しみがどこから来たのか、どうすればよいのかなど、混乱している。そういう時には、そういう気持ちをそのまま代弁してくれるような詩編を味わう。「神はわたしを見捨てられるはずがない」と普段は信じていたとしても、悲しみにくれる時の自分は、そのように神に愚痴ってしまうほど弱くなっているのである。

それを素直に認めることも必要だと考えた。その上で、「あなたのすまい、とうとい山」にできることなら、招いてくださるよう願う。

詩編の訳は、新共同訳聖書ではなく、『教会の祈り』の方を紹介している。それは、この方が自分にとって祈りやすいからという理由である。『教会の祈り』を使って祈ることを始めてから二〇年が過ぎた。そして、これを自分の祈りとして、しっくり行くようになったのは最近のことである。それ以前は、休みの日や黙想の日などに、一人で時間をかけてミサをしながら、また御聖体の前で、言葉にならない思いを祈りとして捧げることがあった。それは今も必要である。すべてを言葉で表せる祈りはないのだと思う。ただ、その時でも、何らかの言葉を、たとえ呼びかけとしての「神よ」の一言でも思わないことはない。そうしてみると、自分の気持ちに寄り添ってくれる御言葉を見つけておくことは、どのような祈りにも助けとなるだろう。

（2）罪を憎んで人を憎まず

キリスト者にとって、やっかいな（？）ことは、自分が誰かによって悲しい目に遭わせられたのに、その人を赦しなさいという、神からのメッセージを無視できないことだ。自分の悲しみとその原因となったであろう人を赦すこと、これらはどのようにして折り合いがつけられるだろうか。自分は、祈り始めてすぐにこの壁に突き当たった。対処法として詩編14・6を見てみよう。

悪を行う者は苦しむ人の思いを　あざけるが、神こそ苦しむ人の　のがれる岩

この詩編に出会う前は、自分の心は悲しみと、そして相手への恨みの気持ちでいっぱいであった。しかも、赦そうにも、悲しみや憤りの感情が邪魔をしてどうにもならない。つまり、悲しみからも、相手からも逃げることができなかったのである。そういう時、この詩編はこう、わたしに語りかけてくれた。「神こそ苦しむ人の　のがれる岩」だと。おそらく悪魔は、そのままわたしを悲しみと相手への恨みつらみで縛りつけ、神から離したままにして置きたかったであろうが、神は、詩編を通してわたしを救われようとされたのである。

この詩編14に出会ってからは、敵である悪魔の策略にも気づくよう努めるようになった。つまり、「悪を行う者」とは、必ずしも自分にとっての加害者というわけではなく、神のお考えの反対者である悪の考えそのものと言うことができるだろう。そのように考えると、加害者何某という固有名詞から、悪という一般名詞へと置き換えることができるので、いわゆる「罪を憎んで人を憎まず」が成り立ち、その「人」を憎むことから、その人の「罪」を憎むことに焦点が移ることが可能となる。また、復讐心がある時の自分は、「目には目を。歯には歯を」の同害復讐の精神状態にあるので、自分もいわば相手と同じ立場にあることにな

る。つまり、自分も相手も悪魔の策略に踊らされていたということが言えるであろう。かくして、「偽善者よ、まず自分の目から丸太を取り除け」（ルカ6・42）との御言葉を思い出しつつ、自分の心の中の敵と、もっぱら向き合うことになった。

さて、『教会の祈り』を唱えていて、時に「敵への呪い」の言葉とも取れる詩編があることに以前から戸惑っていた。例えば、詩編144・5—6では、「神よ、天を傾けて降りて来てください。山々に触れて煙を吐かせ、矢をつがえて四方に放ち、いなずまで　はむかう者を打ち砕いてください」というような激しい言葉は、誰に向かって言うことができるだろうか。しかし、これも、悪そのものへの激しい敵がい心として考えればよいと思えば、自分に対する誘惑への言葉として使うこともできるだろう。最後に、自分の中の敵である悪と戦い、神を逃れ場とするという考え方に沿って、次の詩編を味わいたい。

詩編37・5—11

歩む道を神にゆだねよ。神は信頼する人を助け、その人のまことを光のように輝かし、
正しさを　ま昼のように明らかにされる。

心を静め、耐え忍び、神を待ち望め。悪を　たくらむ者、栄華の道を行く者に心を悩ますな。怒りをしずめ、憤りを捨て、心を悩ますな。それは、ただ　悪への道。

悪を行う者は滅ぼされ、神に希望をおく人は地を受け継ぐ。神に逆らう者は間もなく消え去り、いた所を捜しても、あとかたもない。苦しむ人は地を受け継ぎ、豊かな平和に恵まれる。

悲しみの質あるいは種類について

(1) 聖イグナチオ・デ・ロヨラの『霊操』から学ぶ

悲しみには、さまざまなものがあると思うが、『霊操』の霊の識別の規定、第四則によれば、悲しみは、霊的慰めとは正反対の「荒み」の中に入っている。

霊的荒みについて。第三則の慰さめとは正反対のことがらを荒みという。たとえば、霊魂のくらやみと乱れ、卑しい現世的なものへ心を引かれること。種々の乱れや誘惑から生じる不安を感じること、希望もなく愛もなく不信に誘われることなどは荒みという。

ものうく、なまぬるく、悲しみにおぼれ、創造主から全く隔たっているように感じるのも荒みという。

ちなみに、第三則の霊的慰めについては、次のように書いてある。

霊的慰めについて。霊魂のうちに内的霊動が駆り立てられ、その結果、霊魂に創造主への愛が燃え上がって来て、神との関係なしに地上のいかなる被造物も愛することができず、ただ万物の造り主においてのみ、それらを愛することができるようになる。そのような時の状態を慰めという。また、自分の罪の痛悔、あるいはわが主キリストのご受難、または、主への奉仕と賛美を直接に目指す他のことがらに感動し、主への愛を感じさせる涙の恵みを与えられるときも、霊的慰めという。要するに、慰めとは、信望愛が成長するあらゆる場合のことであり、創造主のうちにあって霊魂に平和と安らぎを与え、天上のものと霊魂の救いへと呼びよせ、引きよせるすべての内的喜びを意味するのである。

したがって、神から離れるような生活を送っている人（霊的に怠惰な人）にとっては、悲しみは「なまぬるさ」から来るものであり、神への奉仕に積極的に向かおうとしている人（霊的に勤勉な人）にとっては、悲しみは「希望もなく愛もない」ような不信へと誘われる状態であると、同じく霊の識別の規定の第一則・第二則は書かれている。どちらにしても、これらの悲しみは悪霊の業・またはその結果であり、特に霊的に勤勉な人にとって、悲しみにおぼれることは、奉仕の道の妨げとなり、そうなることが悪霊の思う壺であると書かれている。

ここで、あらためて、本題の「悲しむ人々は、幸いである、その人たちは慰められる」の「幸いである」について考えてみる。『霊操』によれば、「悲しむ人々」は直ちに「幸い」と言える人ではない。しかし、聖書における「幸い」は、悲しむ人々への積極的な神からの恩寵があること、また、神の国の到来によって救いが今及ぼうとしていることを言おうとしているのだろう。聖イグナチオも、そのことを念頭においた上で神の恩寵にたいして、自分がどのように応えるべきか模索し、より良い神への奉仕となるために、何をすべきかを検討した結果、この『霊操』が生まれたのだと思う。

（2）イエスの聖心から学ぶ

「聖心の信心」というものがある。わたしにとって、この信心は、イエスの心を自分の心とするよう努めることに他ならない。したがって、聖心の信心を広めるとは、「キリストのように考え、キリストのように行う」ことを通して、キリストの心を周りにも広げることである。では、そのイエスの聖心の中で、「悲しむ心」とはどのような心か。

飽くことない辱めに遇われたイエスの聖心（『イエスのみ心の連祷』より）

イエスのこの聖心を言葉にすると、どうなるだろうか。トビト記3章6節のトビトの祈りがそれを代弁しているように思える。

「わたしが耳にするのは、不当な辱めであり、わたしは大いなる悲しみに包まれています。主よ、どうぞ、わたしをこの苦しみから解き放ち、永遠の住まいへ行かせてください」。

イエスは御受難の時に、「わたしは死ぬばかりに悲しい」（マタ26・38）とも言われた。イエスも悲しい時、苦しい時には、「悲しい」と表現するのだ。ただ、その思いや祈りは御父へと直ちに向けられる。私たちも、もっと神に向かって心の内を打ち明けてもよいのだろう。

そう考えると、イエスの十字架上での言葉は、神への究極の信頼の言葉に聞こえてくる。

「わが神、わが神、なぜわたしをお見捨てになったのですか」。（マタ27・46）

このようなイエスの苦しみや悲しみは、わたしたちにとって、どのような意味があるのだろうか。先の連祷の前後は次のようになっている。

わたしたちの罪をあがなわれたイエスの聖心
わたしたちの罪のために砕かれたイエスの聖心

つまり、わたしたちの罪をあがなわれるために、イエスは心砕かれ、悲しまれるのだ。また、わたしたちが世の罪によって悲しむときに、イエスも悲しまれるのだ。

「神が、わたしたちのみじめさそのものを身にまとってくださった以上のいつくしみの証拠がほかにあるでしょうか」。（聖ベルナルド『毎日の読書』12月29日より）

聖ベルナルドが言う通り、イエスの悲しみの心は、神の「いつくしみの証拠」ということができるであろう。このいつくしみの心をよく表している金子みすゞの童謡があるので、紹介したい。

さびしいとき

私がさびしいときは、よその人は知らないの。
私がさびしいときに、お友だちは笑うの。
私がさびしいときに、お母さんはやさしいの。
私がさびしいときに、仏さまはさびしいの。

さて、連祷の結びの祈りは次のようになっている。

聖なる父よ、あなたは人類の罪の償いのために刺し貫かれた御子の聖心のうちに、限りないいつくしみの泉を開いてくださいました。わたしたちが心からの奉献によって、いつも主イエスを求め、その愛に応えることができますように。

ヨハネの手紙一4章19節によれば、「神がまずわたしたちを愛してくださった」。しかし、ときに、人はその愛を受け入れることができない（あるいは、受け入れようとしない）。そのような時のイエスの嘆き・悲しみもまた、聖書に描かれている。

「めん鳥が雛を羽の下に集めるように、わたしはお前の子らを何度集めようとしたことか。だが、お前たちは応じようとしなかった」。（マタ23・37）

私たちもまた、愛する対象を失ったときに、心にぽっかり穴が空いたような気持ちになることもあるし、心に痛手を受けることもある。その時にこそ、「愛に燃えるイエスの聖心」（イエスの聖心の連祷）を自分の心にすることが勧められる。イエスは、そのぽっかりと空いた心の隙間を放っておきはしなかっただろう。愛は愛されることではなく、愛することによってこそ補えるのだ。燃えさしの木々に水がかけられても、放っておけば、火はやがて消えてしまうだろう。愛する対象を失ったとき、身近な所から再び愛し始めることをイエスから学びたい。

(3) 愛し・悲し・哀し

古語の「かなし」は、いとしい(愛し)と、悲しい・哀れだ(悲し・哀し)の意味を含む。だから、「かなし」は、自分の悲しさよりも、相手のことを思う言葉のように思える。

聖イグナチオ・デ・ロヨラの『霊操』の第二週に、ご託身の観想がある。その中には、神が御子を世に遣わすにあたり、人々がいる地球の全面を眺めている場面が設定されているものがある(102、103)。私は昔から、この場面を観想する時、神が世を眺めた時に何を具体的に眺めたか、またそれによってどのような気持ちで御子を遣わそうとされたのかの場面設定に苦しんだ。しかし今、この項を執筆するにあたって、その場面の神の気持ちを表現する言葉として浮かんできたのが、古語の「かなし」であった。前項の「めん鳥のように」雛である神の子らを抱き抱えようとするイエスの姿と重なったのである。

また、具体的に神が「何を」眺めて、そういう気持ちになったのかについても、自分が「かなし」に至るような事例が思い浮かばなかったので、観想(いわば神と同じ気持ちになって観る)ができなかったのだが、最近、どうしても「かなし」と感じてしまう事例がしばしば報道されるようになった。それは「児童虐待」である。そのような事件報道がなされると、虐待に苛まれる子供たちの気持ちを思って、いても立ってもいられなくなる。この場合の「かなし」は、まず子供たちに向けられる。どうか、子供たちの悲しみが慰められますように、と願わずにはいられない。次に、なぜ大人の暴虐を子供が償わなければならないのかが悲しい。それが身勝手な人類の罪の結果であるならば、自分もその人類の一員として、何らかの償いをしたい。子供が救われるのなら、自分が身代わりになって虐待を受ける方がましだとも思うが、それで子供たちが救われるわけでもないので、せめて働いている使徒職の現場で、どのような生徒であれ、子供たちの心身に細心の注意を払い、安心して学校にいることができるような環境を作っていきたい。また、傷付いている子どもたちに、喜びや希望を与えられるような学びを提供したいと考えている。

罪は、あるいは悪魔の業には、必ず弱いものが重荷を負うような仕組みがあるように思えてならない。社会のさまざまな問題がストレス社会を生み、その発散が弱い者いじめへと向けられている。環境問題では、人類の富への欲望や貪欲のために、貧しい人たちが土地を奪われ、動植物は絶滅させられ根こそぎにされている。

自分たちさえよければという考え方で、将来の人たちに負荷を押し付けている地球規模の環境問題などは、おそらく、人類全員が問題の当事者であることを、身をもって知ることができなければ収まらないであろう。そういう意味で、地球を眺めて御子を派遣しようとしている神と、その地球へと派遣された御子の両方の気持ちを持ち合わせることが必要だと思う。つまり、弱い立場に置かれている人たちのために、なんとかしたいと思うだけでなく、たとえ自分が弱い立場に置かれて、強いものから虐げられたとしても、そこに虐げられた人々の思いがあると考えたり、それを強い立場になるときの自分への自戒としたりして、あえてその立場を受けることにする。そうすることによって、弱い立場に置かれている人々や動植物の気持ちが理解できるようになるかもしれないし、強い立場にあって弱いものへの配慮が足りなかったときの償いとして受け止めることができるかもしれない。

先に挙げた金子みすゞという人は、大漁に沸く漁村の陰で、ひっそりと弔いをしている鰯に目を向けるほど、弱い立場に置かれた相手への「かなし」の気持ちを持っていた人だと思われる。

大漁

朝焼小焼だ
大漁だ
大羽鰯の
大漁だ。

浜は祭りの
ようだけど
海のなかでは
何万の
鰯のとむらい
するだろう。

慰めの時について

何事にも時があり、天の下の出来事にはすべて定められた時がある。
（中略）
泣く時、笑う時
嘆く時、踊る時（コヘ3・1―2、4）

今、もし、悲しい時であれば、その時を見極め、そこから何を学ぶことができるか、腰を据えて考えてみることもできるかもしれない。その悲しみがどこから来たのか、過去に遡って経路を辿っていくと、何らかの原因があることに気づく。そうして、気づくことで、何らかの処方を講じることもできるというものだ。

今あることは既にあったこと
これからあることも既にあったこと。
追いやられたものを、神は尋ね求められる。（同15節）

最初は、隅に追いやろうとしていた悲しみも、付き合ううちに、気心の知れた間柄となる。実は、同じパターンで繰り返し現れてくるとか、そろそろ現れるかも知れないなどがわかってくると、その原因となることを避けられれば、避けたり、避けられなければあらかじめ備えたりすることもできるようになる。そして、労苦の多い人生の中でも、雲間に一瞬日がさすように、慰めの時があることにも気づく。それが突然であればあるほど、喜びも深い。そして、そこにこそ神の御手を感じるのである。

人は、慰めの時からではなく、むしろ悲しみの時からこそ学ぶように召されているのではないかと思うほど、慰めの時は慰めについて考えない。ただ、深い感謝があるのみである。
もし天国がどのような所であるかと問われれば、人生とは逆に悲しみについて考えることがなくなって、ただ慰めと感謝しかない所と答えるであろう。そして、神はそのような場所を、苦しみ悲しむ者に用意してくださっていると信じている。

エルサレムを愛する　すべての者よ、
エルサレムとともに、喜び楽しめ。
エルサレムのために悲しむ　すべての者も、
エルサレムとともに、喜び楽しめ。

あなたがたは、その乳を飲んで喜び、
その豊かな乳で飽かされる。
神は仰せになる、
「わたしはエルサレムに平和を注ぎ、
あふれる流れのように国々の富を与える。
おまえたちは　その乳を飲み、
腕に抱かれ、ひざの上で　あやされる。
母に慰められる子どものように、

わたしは　おまえたちを慰める。
エルサレムを見て、おまえたちの心は喜び、
若草のように生き返る」

（イザ66・10―14ａ、『教会の祈り』）

リジューの聖テレジアのような聖人は、エルサレムであるこの世の子らを慈しむ御子にならおうと誓い、自分もこの世での労苦を死に至るまで神に捧げ続けた。そして、苦しみ悲しむこの世の子らからの願いを神に取りなし、バラの雨（＝慰め）を降らそうと考えたのである。彼女の場合、天の国で憩うというよりは、天の国でこそ、より人々のため働くことができると考えていたようである。確かに、愛は、愛されることよりも愛することによって完成される。「愛の知識の専門家」（使徒的書簡『新千年期の初めに』42）と呼ばれる所以である。

神よ、わたしに
慰められることよりも、慰めることを

理解されることよりも、理解することを
愛されることよりも、愛することを
望ませてください。

（アッシジの聖フランシスコ「平和を願う祈り」）

慰めはどこから来るのか

労苦の多い人生において、悪霊に気を許してしまうと、慰めは来ないことは最初に述べた。また、何らかの原因で慰めがない時は、忍耐を持って何かできることからすることも先ほど述べた。慰めは、確かにそれを求める人に与えられるものではあるが、だからといって自分の力で思うように手繰り寄せられるものでもない。むしろ、それが神から来るものであることを深く悟らせるために慰めの時があると、聖イグナチオ・デ・ロヨラの『霊操』では言う。

（悲しみなどの荒みに陥る理由として考えられること）

（それは）本当の理解と知識を私たちに与えるためである。すなわち、深い信心や熱心な愛、涙や他のあらゆる霊的慰めを得てそれを保ちつづけるのは自分の力によるのではなく、それは全部主なる神の賜物と恵みに他ならないことを私たちが心に深く感じるためである。そのほか、少しでも高慢や虚栄の思いを起こし、ふかい敬虔の念や霊的慰めの他の特徴が自分の努力の結果であると思いこみ、私たちが他人の物の上に巣を造らないようにするためである。（323番「霊の識別の規定」第9則より抜粋）

ペトロが「あなたはメシア、生ける神の子です」と正しく信仰告白したときに、イエスは、「シモン・バルヨナ、あなたは幸いだ。あなたにこのことを現したのは、人間ではなく、わたしの天の父なのだ」（マタ16・16―17）と言っている時に、実はイエスご自身、天の父からの慰めを感じていたのではないかと思うのである。イエスは特に弟子たちの教育に最後の最後まで苦労し、また復活してのちにも教育を続けられた。その間、特に生前には、弟子たちから慰めを受けることはわずかではなかったか。そのわずかの中で、たとえば、ペトロの信仰告白は、天の父からのメッセージが伝わる体験であったと思う。私たちも使徒職の現場で苦労しているときに、思いがけず、その苦労の実りを受けることがある。その時、それが自分の力ではない、神からの慰めのメッセージとして感じられることがある。それは、多分に私たちに一番苦労をかけている相手からである場合そのように感じられる。また、そのことを通して私たちは、苦労ばかりかけられていると思っていた相手が、実は、一番心にかけている相手であったことを、あらためて知ることになる。そこに「幸い」があると思う。

おわりに

現代人は、つながりを求めているという。そのために、ＳＮＳなどさまざまな情報ツールが発達し、それを使いこなすスピードも、特に若者は早い。しかし、多くの人たちは、表面的な楽しさを追い求め、悲しみの裏に隠されている大切なことを封印しようとしているように見える。私たちキリスト者が本当につながっていなければならないのは、私たちの主であるイエス・キリストであり、キリストとの深い関わりにおいてこそ本当の慰めを見出すように招かれているのではないだろうか。

柔和の力動性《ダイナミズム》

柔和な人々は、幸いである、その人たちは地を受け継ぐ。(5・5)

大西　崇生

はじめに

「柔和」という日本語の意味を辞書で確認してみると、「性質や態度などがやさしくて、おとなしいこと。おだやかに落ち着いてものやわらかなこと。また、そのさま」(『精選版日本国語大辞典』)とあります。この理解をもとに「柔和な人々は、幸いである」(マタ5・5)という一節を読むならば、いつもほほえみを絶やすことなく、怒らず、争わず、物腰の柔らかな態度で生きるという人間性の美徳が称揚されているかのようです。さらに、「その人たちは地を受け継ぐ」と続けば、そうした美徳あふれる態度で生きていれば、きっと良い報いが得られるに違いない、ということが語られているようでもあり、まるで（思い切って平たく言うならば）「笑う門には福来たる」や「情けは人の為ならず」にも似たある種の処世訓が山上の説教の中に突然入り込んできたかのような印象すら抱いてしまうかもしれません。しかし、このマタイ5章5節の真意はそのような世俗的な人生訓を語ることではないはずです。山上の説教はいわば、信仰者の生きざまの清新なマニフェストであり、それに対する神からの祝福であるからです。イエスの言葉をできるだけ深く理解するために、それぞれの言葉の意味を吟味した上で、現代を生きるわたしたちにこの言葉がどのように響きうるか、その射程の一側面を考えてみたいと思います。

「柔和な人々」

「柔和な人々」と訳された言葉は、新約聖書原文のギリシャ語では「プラエイス」（単数形は「プラウス」）という形容詞であり、「温和な、優しい、寛大な」などを意味し、広く人に対しても物事に対しても用いられる言葉です。新約聖書の中ではわずかに四回だけ用いられており、そのうちの三回がマタイ福音書です（マタ5・5、11・29、21・5。もうひとつの用例は一ペト3・4）。ところで、このマタイ5章5節については、詩編37の11節との影響関係がしばしば指摘されます。詩編37の11節は、「貧しい人は地を受け継ぎ、豊かな平和に自らをゆだねるであろう」（詩37・11）と語っていますが、旧約聖書のギリシャ語訳である『七十人訳聖書』において、この詩編の「貧しい人」と訳された言葉は、マタイ5章5節の「柔和な人々」とまったく同じギリシャ語が用いられており、「地を受け継ぐ」にあたる部分も、マタイ5章5節の「地を受け継ぐ」と同じ表現が用いられています。このように、マタイ5章5節と『七十人訳聖書』の詩編37の11節との間には、表現上の大きな共通性が見られ、おそらく前者は後者を下敷きにしているのだろうと考えられます。

しかしここで、次のことに注目しなければなりません。詩編37のヘブライ語原文において、「貧しい人々」にあたる言葉は「アナヴィーム」という語（単数形は「アナーヴ」）であり、まさに「貧しい（人々）、虐げられた（人々）」を意味する言葉です。ところが『七十人訳聖書』はこのヘブライ語を、「柔和な（人）」を意味する「プラウス」というギリシャ語で翻訳しているのです。このことはわたしたちに次のことを示唆します。すなわち、詩編37の11節との共通性を考慮して、マタイ5章5節の「柔和な人々」の意味するところをより深くより正確に理解するためには、ギリシャ語「プラウス」が通常意味する「柔和な、温厚な、寛大な」という意味合いだけでなく、詩編37の11節で用いられたヘブライ語「アナーヴ」の「貧しい、虐げられた」という意味合いを考慮する必要があるのではないか、ということです。

さらに、新約聖書における「プラウス」のわずか四回の用例のうちの他の一回であるマタイ21章5節を見てみましょう。マタイ21章5節は、旧約聖書のゼカリヤ書9章9節を自由に引用しながら、ろばに乗って来られる救い主の到来の預言を語り、その救い主を「柔和な方」（ギリシア語で「プラウス」）と形容しているのですが、ゼカリヤ書9章9節のヘブライ語原文において、この「柔和な方」にあたる言葉は「アニー」という語であり、やはり「アナーヴ」と同義の「貧しい、虐げられた」といった意味合いを持つ言葉です。したがって、このことからも、この「プラウス」というギリシャ語は、通常の「柔和、温厚」といった意味にとどまらず、『七十人訳聖書』がこれに対応させているヘブライ語の「アナーヴ」「アニー」の持つ「貧しい、虐げられた」というニュアンスを汲み取って理解する必要があるらしいことがわかります。

旧約聖書の中で「アナーヴ」「アニー」（複数形はそれぞれ「アナヴィーム」「アニィーム」）という言葉は、ひとつの重要な神学的主題を担っています。これらの言葉は、第一義的には「物質的・経済的に困窮した状態にある（人）、社会的に虐げられ弱く苦しい境遇にある（人）」を意味し、いくつかの律法はこれらの人々を保護する義務を主張しています（たとえば出22・24、「もし、あなたがわたしの民、あなたと共にいる貧しい者［「アニー」］に金を貸す場合は、彼に対して高利貸しのようになってはならない」を参照）。しかし預言書や、とりわけ詩編においては、神はまさにこれらの貧しく虐げられた人々の神であり、これらの人々の叫びを聞き、彼らを憐れみ、その苦難から救い出す神である、ということが繰り返し語られます。「(主は)裁きをして貧しい人(「アナヴィーム」)を導き、主の道を貧しい人(「アナヴィーム」)に教えてくださいます」(詩25・9)、「主は御自分の民を喜び、貧しい人(「アナヴィーム」)を救いの輝きで装われる」(詩149・4)。さらにまた、詩編作家は、神に呼びかけながら、時として自らを「貧しい者」と称します。「わたしは主に求め、主は答えてくださった。脅かすものから常に救い出してくださった。この貧しい人(「アニー」)が呼び求める声を主は聞き、苦難から常に救ってくださった」(詩34・6―7)。このように、ヘブライ語の「アナーヴ」「アニー」という言葉には、(1)第一義的な「物質的に困窮した状態にある人」という意味の他に、(2)神学的な「神のみから来る救いを謙遜に願い求める人」という意味合いがある、ということがわかります。つまり、これらの人々は、自分の内にはより頼むべきものが何もなく、ただ神の救いだけにより頼むほかはない、という意味で「貧しい人」なのであり、この点で(1)の意味と(2)の意味とは深い部分で通底しているわけです。

マタイ5章5節の「柔和な人々」は、まさにこの意味合いとともに理解する必要があるでしょう。「柔和な人々」とは、何よりもまず、神との関係性の中で理解されるものです。つまり、「柔和な人々」とは、単に、争いごとをしない、優しく温厚な性質の人物ということにとどまらず、根本的に「神との関係のうちに、自分の内なる貧しさを深く知っており、その自覚のゆえに神のみにより頼む人」のことを指し示しているものと考えられます。

以上のことを確認しますと、マタイ5章5節と関係のある詩編37の11節のヘブライ語「アナヴィーム」（「物質的および霊的な意味で貧しい人々」）を、「プラエイス」（「柔和な人々」）というギリシャ語に移し替えた『七十人訳聖書』の翻訳がいかに興味深いものであるかがわかります。つまり、「柔和」という性質は、遺伝的な付与や自分の努力などに基づく美徳であるという以上に、根本的に神との関わりの中で、自らの貧しさの認識と神への絶対的な信頼において実現する生き方の態度である、ということを『七十人訳聖書』の翻訳者たちは深く洞察していたのでしょう。したがって、マタイ11章29節で、イエス自身が「わたしは柔和で謙遜なものだから、わたしの軛を負い、わたしに学びなさい」とわたしたちに語りかける時も、わたしたちは同様に「父である神との関係において、御父にのみより頼む信頼の一途さ、ひたむきさ」といったニュアンスを「柔和」という言葉のうちに汲み取るよう招かれているのだろうと思われます。

「地を受け継ぐ」

この表現に関してなされてきたさまざまな解釈をここで仔細に検討することは不可能ですが、少なくとも次の二つのことを確認しておきたいと思います。（1）山上の説教の「幸い」のメッセージのひとつ目、すなわちマタイ5章3節において、「天の国はその人たちのものである」という部分のギリシャ語の動詞は現在形であるのに対して、5節の「地を受け継ぐ」という部分の動詞は未来形になっています（「地を受け継ぐであろう」）。（2）マタイ5章5節の「地を受け継ぐであろう」という表現は、まったくそのまま形でイザヤ書61章7節（『七十人訳聖書』）に登場します。「あなたたちは二倍の恥を受け、嘲りが彼らの分だと言われたから、その地で二倍のものを継ぎ、永遠の喜びを受ける」（イザ61・7）。この「（二倍に）その地を受け継ぐであろう」という部分の『七十人訳聖書』のギリシャ語が、マタイ5章5節とまったく同じ表現となっているのです（なお同様の表現は、『七十人訳聖書』のイザ60・21、民14・31にも登場します）。

これらのことから、マタイ5章5節とイザヤ書61章7節との影響関係が指摘されているのですが、ここで注目すべきなのは、イザヤ61章が来たるべき救いの完成の希望についての預言であるということです。したがって、イザヤ61章7節との影響関係を考慮するならば、マタイ5章5節もまた来たるべき救いの完成の希望という文脈で解釈することは理に適ったことと言えるでしょう。つまり、「柔和な人たちが地を受け継ぐであろう」とは「生活に必要なものにも事欠く貧しい人々が、安住の地を見出す。自らの貧しさを知り、神のみに望みを置く謙遜な心の人たちが、天の国（神の国）を受け継ぐ」ということを意味しているのであろう、という解釈ができるかと思われます。この「神の国」は、神のひとり子イエスの受肉、さらにはその死と復活によって、ある意味でわたしたちの間にすでに存在していると言えるのですが、同時に、いまだその完成には至っておらず、わたしたち一人ひとりがその建設のために協働するように招かれている、という両義性を持っています。換言するなら、「神の国」とは、この「すでに」と「いまだ」の間という緊張関係の中にありながら、つねにその完成の希望を力強く志向する現実である、と言えましょう。「柔和な人々は地を受け継ぐであろう」という祝福の宣言は、こうした希望のダイナミズムの観点からより深く把握されるのではないかと考えられます。

「幸い」

「柔和な人々」および「地を受け継ぐ」という表現の意味するところについて、これまで簡単に見てきたわたしたちに残されている言葉は、「幸いである」という表現です。これは「真福八端」の他の部分とも共通しているので、ここで詳細に検討する必要はなかろうとも思われますが、この表現についての興味深い翻訳例をひとつ紹介します。アルジェリア生まれのユダヤ系フランス人アンドレ・シュラキによってなされた『聖書』のフランス語訳は、彼自身のセム語族諸言語に対する深い造詣をもとに、ヘブライ語の語源的なニュアンスを存分に反映させた個性的な翻訳として知られています。このシュラキ訳は、マタイ5章で繰り返される「幸いである」という表現を「前進せよ」（フランス語でEn marche）と訳しているのです。突拍子もない翻訳とも思えますが、彼がこのように翻訳したのにはそれなりの理由があります。

「……な人々は幸いである」という表現形式（この「幸いの宣言」は、ギリシャ語では「マカリオイ」という言葉から始まるため、しばしば「マカリズム」と呼ばれる文学形式です）は、新約聖書のみならず、使徒教父文書でも広く見られ、旧約聖書の中では、とりわけ詩編や箴言の中で多く見受けられます。たとえば、「いかに幸いなことか、神に逆らう者の計らいに従って歩まず、（…）主の教えを愛し、その教えを昼も夜も口ずさむ人」（詩1・1―2）、「いかに幸いなことか、主を避けどころとする人はすべて」（詩2・12）、「いかに幸いなことでしょう、背きを赦され、罪を覆っていただいた者は。いかに幸いなことでしょう、主に咎を数えられず、心に欺きのない人は」（詩32・1―2）、「いかに幸いなことか、知恵に到達した人、英知を獲得した人は」（箴3・13）など、他にも多くの例が見られます。これらに共通する「いかに幸いなことか」と訳された部分は、ヘブライ語では「アシュレー」という言葉です。この「アシュレー」という言葉は「アシャール」という動詞から派生しているのですが、この動詞には、（1）「前へ進んでゆく」「歩み続ける」と（2）「幸いだとみなす」「幸せである」という二つの大きな意味があり、（2）の意味はおそらく（1）の意味から派生したのだろうと考えられています。つまり、シュラキは、マタイ5章のギリシャ語「マカリオイ」を訳すにあたって、まずこの言葉に対応するヘブライ語「アシュレー」を考慮に入れ、さらにその大元にある動詞の根本的な意味である「前へ進む」というニュアンスを活かして、あえて「前進せよ」という斬新な翻訳をしたわけです。マタイ福音書が、愛と憐れみに基づくイエスの教えを強調するのに、当時のユダヤ教的教えとの差異を強く意識していることを思えば、「マカリオイ」というギリシャ語の中に「アシュレー」というヘブライ語のニュアンスが加味されているとしても、それほど奇妙なことではないのかもしれません。

シュラキの翻訳は一見突拍子もないようですが、反面きわめて興味深いものでもあります。というのも、彼の解釈は次のことを浮き彫りにするからです。すなわち、（少なくともヘブライ語の）「幸い」という表現の中には、単に「恵まれた状態にある」という静的な意味合いだけではなく、「歩みの過程にあり、またつねに新たな歩みへと促されている」というきわめて動的な意味合いが込められている、ということです。したがって、シュラキの「前進せよ」という翻訳は、「幸い」という希望の宣言の奥深くにある「神の道を歩む」というダイナミズムをうまく表現しているとも言えるわけです。

以上、細かな議論を割愛したかたちではありますが、マタイ5章5節を少しでも深く理解しようと試みつつ、それぞれの表現をごく簡単に検討してきました。これまでに見てきたことを短くまとめておきましょう。「柔和な人々は、幸いである、その人たちは地を受け継ぐ」とは、単に、争いごとをせず、物腰柔らかに穏やかに温厚に生きていれば、きっと良い報いがある、といった倫理的な処世訓を意味するものではありません。「柔和な人々」とは、根本的に、「神との関係性の中で、自分自身の貧しさを深く自覚し、それゆえに神のみにより頼み、神の救いに一途な信頼を置く謙遜な人々」のことです。そのように深く堅く神と結ばれて生きる人々は、来たるべき救いの完成の希望のうちに、自分自身の置かれた「今・ここ」において神の道の歩みを絶えず続けていくようにと招かれているのです。

それでは次に、少し自由に考察を展げて、このマタイ5章5節が今日のわたしたちにとってどのように響きうるかについて、考えてみたいと思います。すなわち、「幸い」ということが根本的に神の道を一歩一歩歩んでゆく信仰者の「道」を含意するものであるならば、コロナ禍という特殊な時代を生きるわたしたちが、「柔和な者・貧しい者」として、つまり神にのみより頼み、神と深く堅く結ばれて生きる者として、「幸いの道」を具体的に歩んでいくためにはどうしたらよいのか、という問題について考えてみたいと思うのです。わたしたちが日常生活の中で、神にのみより頼む「柔和な者・貧しい者」の生き方を実践するためには、この目的のために益とならないものを見きわめて、これに与しないことが必要となります。このことについて考えるために、聖イグナチオ・デ・ロヨラがその著書『霊操』の中で展開している「識別」という方法を参考にしてみたいと思います。

日常生活の中での識別

現在、わたしたちは、長引くコロナ禍という特殊な時代を生きています。それは、人と人とが出会い、関わり合い、面会し、交流し、意見を交わし合い、議論や対話をし合い、あるいは愛する者同士が抱擁し合うといった人間的な行いが、きわめて大規模に制限されることになった時代です。出会いの機会の多くがオンラインで行われるようになりました。コロナ禍の今、世界中の多くの人にとって、インターネット抜きの生活はほとんど考えられないものとなりました。

確かにインターネットは、自室にいながらにして世界中のさまざまな人とつながることができ、また世界中のさまざまな情報を手に入れることができるという大きな利点があります。しかし、実際のところ、インターネットを介してつながる相手は自分がつながりたい相手、自分にとって好ましい他者であり、目にする情報は多くの場合、自分にとって興味のある情報に限られており、インターネットの世界では、自分に興味のない情報、面白くない情報は簡単にスキップすることができます。しかしながら、現実世界ではそうは行きません。そりが合わない人や意見の大きく異なる人と接しなくてはならない機会、気の進まない仕事と向き合わなくてはならない機会などがたくさんあるからです。つまり、インターネットの世界とは「自分にとって心地の良い・都合の良い世界」であり、コロナ禍の現代は、世界中の多くの人々がそうした「自分にとって都合の良い・心地の良い世界」にいっそう慣れていった時代と言えるかもしれません。

ところで、聖イグナチオ・デ・ロヨラは、その著書『霊操』の中で、人間をいわば「神へと導く働き」と「神から引き離す働き」との二つの相反する働きが交錯するひとつの場として捉え、神の道を歩み生きるためには、前者の働きを受け入れ、後者の働きを退けるべきことを説いています（『霊操』313番参照。それらをイグナチオはそれぞれ「善霊」「悪霊」あるいは「良い霊動」「悪い霊動」などと呼んでいますが、ここでは便宜的に「わたしたちを神へと導く働き」「わたしたちを神から引き離す働き」と呼ぶことにします）。ここで注目したいのは、インターネットの「自分にとって心地の良い世界」において、わたしたちはとかく「神から引き離す働き」に対して脆弱になりがちである、ということです。なぜなら、「自分にとって都合の良い・心地の良い」世界は、自らのうちに閉じられた環境であるがゆえに、「自己中心性」が占める場となりやすく、よほど注意をしていないかぎり、「わたしたちを神へと向かわせる働き」を助ける「他者との関わり」によってもたらされる「気づき」や「照らし」が抑制されるからです。したがって、コロナ禍の今こそ、わたしたちは、具体的な日常生活の中で「神から引き離す働き」に注意し、これと真剣に向き合う必要があるのではないか、と思われるのです。

日常生活の中で

誰かの心ない一言に傷ついたり、イラッとしたりすることは誰にでもあるでしょう。そんな時、自分のほうが正しくて、相手が間違っていることをはっきりと証明したいような思いに駆られたり、そこから怒りが湧き起こったりすることもあるかもしれません。

しかしその際、相手が間違っているか、それとも正しいか、相手が性格の悪い人であるか、それとも良い人であるか、といったことは、実は大きな問題ではありません。問題なのはむしろ、その相手が何気なく発した言葉をきっかけとして「神から引き離す働き」がわたしたちの心に働いているという、そのことです。

「わたしたちを神から引き離す働き」は、（1）小さなことを大事のように見せ、（2）寛容さや感謝の心を減退させ、さらに失わせ、（3）ついには、人と人との間に分裂を引き起こすよう導きます。これは、イエスの説く「一致」と正反対の道です。こうした働きに対して、わたしたちは決然とした態度を取らなければなりません。つまり、そうした心の動きに気づいたなら、そこにいつまでもとどまって心の中で怒りを増幅させるようなことをせず、祈りのうちに恵みを願いながら、ただちにそこから離れるべきです。

ここで、「心ない誰かの一言」と「神から引き離す働き」とを区別することはとても大切です。つまり、その相手自身が「神から引き離す働き」なのではなく、その人の何気ない一言を引き金として「神から引き離す働き」がわたしたちの心に働くわけです。その証拠に、その相手はそんな言葉を言ったことすら覚えていないかもしれません。ですから、その相手に対する怒りを自分の心の中で飼い育てる代わりに、「神から引き離す働き」に気づいたなら、わたしたちを取り巻く関係性の中に分裂が引き起こされる前に、そこから離れなければなりません。この区別は「ゆるし」のためにも役立ちます。

「神から引き離す働き」のいくつかの特徴

「神からわたしたちを引き離す働き」のいくつかの具体的な特徴について考えてみます。とはいえ、「神から引き離す働き」はそれぞれの人に固有の働き方をします。イグナチオは次のように書いています。

「敵はまた、勝利を収め、欲しいものを略奪するために、首領のように振舞う。軍の隊長と首領が陣を張り、城の兵力とその配置を見て、一番弱いところから攻撃するように、人間の敵も私たちを巡って、対神徳、枢要徳、倫理徳を順次うかがい、永遠の救いのためもっとも弱くもっとも手薄と気づいたところから私たちを攻撃し、征服しようとするのである」(『霊操』327番「第一週の霊の識別の規定・第十四則」)。

それぞれの「城」や「軍の配置」がそれぞれに異なった弱点を持っているように、わたしたち人間も一人ひとり異なった弱点(内的な傷や傾きなど)を持っています。「わたしたちを神から引き離す働き」は、一人ひとりに固有な弱点・急所を突いてくるため、その働き方は一人ひとりにとって異なっている、ということをイグナチオは述べているわけです。したがって以下の記述は、霊的同伴の経験等からいくつかの共通した要素を抜き出した、ひとつの例として挙げるものにすぎません。「神から引き離す働き」には次のような共通した特徴が見られます。

・小さなことを大事のように見せる。
・些細なことにこだわらせ、それにまつわるわだかまりの内にいつまでもとどまらせる。
・小さなことをきっかけにして、根拠のない虚像、架空の物語を作り上げ、発展させる。
・小さなきっかけは、直近の出来事（たとえば、誰かの言葉、態度、など）であることも、また記憶（たとえば、過去に蔑まれた経験、過去の自分の罪や過ち、など）であることもある。
・疑心暗鬼の虚像（たとえば、あの人はわたしを批判しているのではないか、など）。
・徹底した自己正当化の虚像（たとえば、自分は悪くなく、相手が悪いということのさまざまな根拠をあげつらう、など）。あるいは逆に、自己否定の虚像（たとえば、罪人のわたしは神の御前に出る資格がない、など）。
・「神から引き離す働き」は、これらの虚像にさまざまなもっともらしい根拠を次から次へと提供し、この虚像が確かなものであるように、わたしたちに思い込ませる。
・これらの虚像はさまざまな関係性の領域に及ぶ（ある誰かに対する、自分自身に対する、そして神に対する)。

・感謝の心、寛容な心、信頼、肯定感、謙遜を不足させ、やがては失わせる。

・その結果、傲慢や自己正当化(感謝・謙遜の反対)、不寛容や厳格な裁きの心(寛容な心の反対)、不信や疑心暗鬼(信頼の反対)、過剰な自己卑下や自己否定(自己肯定感の反対)などが心の中に起こる。

・こうして最終的に、あらゆる関係性の中に分裂を引き起こす。

「神から引き離す働き」の見分け方

「神から引き離す働き」のきっかけを見きわめるためのいくつかの特徴を挙げてみます。

・心の中に突発的で激しい感情が起こる。

・その激しい情動は、身体表面にもその余波として表れることが多い(たとえば、眉間の緊張、激しい鼓動、など)。

このことについてイグナチオは次のように述べています。

「ますます善の道に進んでいく人には、善天使は優しく、軽く、柔らかく、しずくが海綿に入るようにその霊魂に触れる。そして悪天使は、鋭く、騒がしく、不安を引き起こし、しずくが石の上に落ちるように触れる。また、悪の道にますます進んでいく人には、上記の霊の触れ方は逆になる。理由は、霊魂の状態がその例に反しているか似ているかによるからである。反している場合は、霊がけたたましく、五官を叩いて、気づかれるように入るが、似ている場合は、開け放した我が家に帰る人のように、静かに霊魂に入るのである」。(『霊操』335番「第二週の霊の識別の規定・第七則」)

多くの格闘技でも、通常、相手を倒そうとする場合、相手の動きの傾向を利用しながら、然るべき瞬間に、一気に強い力を掛けて相手を押し倒します。「神から引き離す働き」がわたしたちの心に働きかける仕方も同様です。イグナチオが用いている、「鋭く、騒がしく、不安を引き起こし、しずくが石の上に落ちるように触れる」、「けたたましく、五官を叩いて、気づかれるように入る」は、まさにこの仕方を表現しています。「神から引き離す働き」は、わたしたち一人ひとりの「自己中心性」が最もネガティブに反応する場所(内的な傷や傾き)をピンポイントで突くことによって、そのネガティブなエネルギーの強さを利用しようとします。

「神から引き離す働き」を見分けるためには、心の中に（1）突発的で（2）激しい情動が起こっていることに気づく必要があります。したがって、怒りや不信などの感情が生じたその瞬間の心の動きがどうであったかに着目することが、大きな助けとなります。その時の心の状態が「鋭く、騒がしく、けたたましく、しずくが石の上に落ちるように」感じられたなら、それは「神から引き離す働き」によるものと考えた方がよいかと思われます。そしてそれと同時に、その時の心の動きを吟味することによって、不安や動揺を引き起こされた自分自身の急所・弱点（内的な傷・傾き）がどこにあるのかについての「気づき」を持つことも大事なことと思われます。

それらの働きに気づいたなら、それが（他者との関係・自分自身との関係・神との関係における）分裂へと発展する前に、適切な対処をする必要があります。

「神から引き離す働き」への対処法

わたしたちの心に「神から引き離す働き」が働いた結果、引き起こされる状態のことをイグナチオは「荒み」と呼んでいます。この「荒み」に関しては、しばしば「第一週の霊の識別の規定・第五則」（『霊操』318番）が重要なものとして挙げられます。

「荒みのときは、絶対にことを変更してはならない。かえって、その荒みに先立つ日の決定や決心、または、その前の慰めのうちの決心を堅固に揺るぎなく守るべきである。というのは、慰めのうちにわたしたちを指導し、勧めを与えるのはむしろ善霊であるが、荒みのうちに指導するのは悪霊で、彼の助言に従っていては的に当たる道が取れないからである」。（『霊操』318番「第一週の霊の識別の規定・第五則」）

しかし、「日常生活の中の霊の識別」においては、その後の319～321番も同じく重要であることを看過してはなりません。

「荒みのとき、初めの決心を決して変更してはならないが、その荒みにひたすら抵抗するのは、たとえば、祈りと黙想に一層精進し、糾明を入念にし、ふさわしい方法で苦行に力を入れるのはきわめて有益である」（『霊操』319番「第一週の霊の識別の規定・第六則」）

「荒みの中にある人は、敵からのさまざまな乱れと誘いに抵抗するため、主が生来の能力だけを彼に残し、彼を試しておられると考えるがよい。なぜなら、たとえ明らかに感じられなくても、いつも彼に残る神からの支えによって、敵に抵抗することができるからである。実は、神は激しい熱意、あふれるような愛と豊かな恵みを取り上げられたが、永遠の救いのための充足的恩恵は残っているからである」（『霊操』320番「第一週の霊の識別の規定・第七則」）

「荒みの中にある人は、身に降りかかる試練に屈服しない忍耐強さを保持するよう努め、やがては慰めを受けると考えるがよい。そして、第六則に述べてあるとおり、その荒みと戦う手段を取らなければならない」（『霊操』321番「第一週の霊の識別の規定・第八則」）

これらをまとめると、「荒み」への対処法としては、

（1）祈りと黙想、意識の究明などにいっそう力を入れることを通して、「荒み」にひたすら抵抗する。

（2）今この時の「荒み」という試練は、必ずいつか過ぎ去り、神の恵みによって、いつか再び「慰め」を受けることに信頼する。

ことが挙げられます。ここで次のことに注意する必要があります。「祈りや黙想、意識の究明などに力を入れる」ということの眼目は、「自己中心性」が支配する場から「神の愛」の場へと、聖霊の息吹によって運ばれていくことです。「自己中心性」が支配する場にとどまって、「自力」で解決しようとしても、怒りはいつまでも収まらないでしょう。わたしたちの側からのできる対応を行うと同時に、「神からの支え」、聖霊の息吹に根本的に信頼することが大事なのだと思います。

コロナ時代の今、わたしたちがこの「神から引き離す働き」に敏感になって、そこから離れる努力をしなければ、つまり真摯に「日常生活の中での霊の識別」をすることを怠るならば、人間社会のあらゆる関係性の中に取り返しのつかない分裂が起こるような気がします。そしてそれは世界規模ですでに始まっているのです。具体的な「日常生活の中での霊の識別」を通して、「神から引き離す働き」に対して決然たる態度を取り、聖霊による「わたしたちを神へと導く働き」、他者との関わりによる「自分自身を超えた気づき」に対して心を開き続けること。このことは、わたしたちが具体的な日常生活の中で「柔和な人」として、すなわち「自らの貧しさを自覚し、神にのみより頼み、神と深く堅く結ばれて生きようとする者」として、歩むべき具体的な道のひとつと言えるのではないでしょうか。「日常生活の中での霊の識別」は、イエスの説く「幸い」をわたしたちが現実に歩み生きてゆくためのひとつの大切な手段なのではないかと思われるのです。
すでに述べたとおり、「神から引き離す働き」は各人に固有の働き方をするため、一人ひとりが自分の体験を真摯に究明しつつ、自分自身に固有の「荒みに陥る特徴」（自分自身に固有な内的傾きや傷）を知る必要があります。だからこそ、聖イグナチオは「第一週の霊の識別規則」（とりわけ『霊操』325—327番）において、「神からわたしたちを引き離す働き」についてごく一般的な記述にとどめ、具体的なことを書きませんでした。にもかかわらず、本稿がいくつかの具体的な特徴の叙述をあえて試みたのは、それがとりわけ今この時代に必要とされているように思われたからです。ささやかな本稿が、キリスト者の日常の具体的な信仰生活における霊の識別を通して、神との関係における「柔和かつ貧しい者」としての「幸いの道」を具体的に歩んでいくための一助となれば幸いです。

〔追記〕『聖書』からの引用は、特別な記載のないかぎり「新共同訳」より、また聖イグナチオの『霊操』からの引用は、ホセ・ミゲル・バラ訳（新世社）より行いました。

義によって満たされる

義に飢え乾く人々は、幸いである、その人たちは満たされる。（マタ５・６）

片柳　弘史

子どもの頃、テレビに映し出されるアフリカの飢餓と貧困の様子を見て、「日本にはこんなにたくさん食べ物があるのに、お腹を空かせて死んでゆく人がいるなんておかしい。どうして誰も助けに行かないんだ」とわたしは憤りを感じた。がりがりに痩せたお母さんが、針金のように細い腕で赤ん坊を抱きかかえ、途方にくれている。赤ん坊の目や口元にはハエがとまり、もう泣き声をあげる力さえ残っていない。そんな様子を見て、「アフリカでは大飢饉が発生しています。お気の毒ですね」だけで済ませてしまうなんて、みんなどうかしている。ただちに食べ物を持って助けに行くべきだ、と思ったのだ。いまから振り返れば、あれがわたしにとって最初の「義に飢え渇く」体験だったのではないかと思う。

罪もない人々が、貧しい国に生まれたというだけで、飢え、やせ細り、誰にも助けてもらえず道端で死んでゆく。そんなことが絶対にあってはならない。すべての人が人間らしく、幸せに生きられる世界を作ってゆくべきだ。それは、キリスト教徒に限らず、すべての人間が心の底から望んでいることだろう。すべての人間の心の奥深くに、義への飢えと渇きがあるのだ。しかし、残念ながら、わたしたちはいつも義に飢え渇いているわけではない。自分自身の生活に追われ、現実の厳しさに直面する中で、人のことまでかまっているゆとりがなくなってくるのだ。飢饉や災害、戦争などで苦しむ人々の姿をテレビなどで目にすることがあっても、「かわいそうだが、自分には何もしてあげられない」と思うだけでチャンネルを変えてしまう。他人の苦しみに心を閉ざし、自分のことしか考えられなくなる。そのようにして義への飢えや渇きを失う中で、わたしたちは次第に生きることの意味や、人生の目的まで忘れてゆく。人間が生きてゆくために最も大切なもの、わたしたち一人ひとりの心の奥深くに宿った愛を見失ってしまうのだ。

「義に飢え渇く人々は、幸いである、その人たちは満たされる」とイエスは言う。まだ大切なものを見失っていない人、心の奥深くに宿った愛に動かされ、導かれて生きている人は確かに幸いだ。その人は、たとえ義のために迫害されたとしても、愛で満たされた毎日を生きられるだろう。わたしたちの心に宿った義への飢えと渇きは、わたしたちの心の中に宿った神の愛であり、イエス・キリストなのだ。義であるキリストのあとについてゆくとき、わたしたちは幸いな人生へと導かれる。このことについて、いくつかの角度から考えてみたい。

義とは何か

「義に飢え渇く人々は幸いである」とイエスが言うとき、義とはいったい何を意味しているだろうか。義の中に、不正をゆるさないこと、不当な困窮から人々を救い出すこと、いわゆる正義の実現が含まれていることは間違いがない。

わたしは、エジプトにいるわたしの民の苦しみをつぶさに見、追い使う者のゆえに叫ぶ彼らの叫び声を聞き、その痛みを知った。(出3・7)

と神がモーセに語りかけているように、神は人間の苦しみや痛みを知り、助けを求める声に必ず耳を傾けてくださる方である。モーセを送ってユダヤの民をエジプトから救い出したように、困難の中にある人々に救いの手を差し伸べ、正義を実現してくださる。それが、第一義的な意味での神の義だと言ってよいだろう。神は人間を愛し、不正から救い出してくださる方なのである。神の愛は、困難の中にある人々に対して神の義として現れ、人々を苦しみから解放するのだ。

だが、神の義と、いわゆる正義の間には決定的な違いがある。イエスは山上の説教の中で弟子たちに次のように語っている。

あなたたちの義が律法学者やファリサイ派の人々の義にまさっていなければ、あなたがたは決して天の国に入ることができない。（マタ5・20）

ここで言うファリサイ派の人々の義とは、自分たちに都合のよい理屈で律法を捻じ曲げ、自分たちを正当化するための義、自分たちだけが正しいと主張し、相手を裁いて切り捨てるための義だと考えてよいだろう。いわゆる正義は、このような使われ方をする場合がある。正義という言葉は、自分たちを正当化し、自分たちと異なった考え方をする人々を排除するために使われることがあるのだ。神の義には、そのようなことがない。

人を裁くな。あなたがたも裁かれないようにするためである。（マタ7・1）

とイエスが言う通り、神の義は人を裁いて切り捨てるためのものではない。人を裁くことができるのは神だけであって、人間が神の名によって他の人間を裁くことはゆるされていないのだ。

わたしが来たのは、正しい人を招くためではなく、罪人を招くためである。（マタ9・13）

というイエスの言葉からわかるとおり、神の義は、むしろ罪に陥った人たちを回心させ、神のもとに立ち返らせることを願う。道を外れて罪の罠に落ち、苦しんでいる人間がいるなら、そのような人こそ助けずにいられない。正しい人たちを置いてでも、その人を助けに行かずにいられない（参照・マタ18・12）。それが神の愛であり、神の義なのだ。

父は悪人にも善人にも太陽を昇らせ、正しい者にも正しくない者にも雨を降らせてくださるからである。（マタ5・45）

と言われている通り、神はご自分の被造物、「神の子」である人間がひとり残らず救われること、神の愛の中で幸せに生きることを願っている。神の望みは、貧しい人々を迫害する人たちが滅びることではなく、自分の間違いに気づいて神に立ち返り、貧しい人々と財産を分かち合って共に仲よく暮らすことなのだ。神は、徴税人ザアカイが滅びることではなく、自分の間違いに気づいて財産を貧しい人々と分かちあうことを願っておられる（参照・ルカ19・1―10）。

公民権運動の指導者として黒人解放のために戦ったキング牧師は、演説の中で、「わたしには夢がある。それは、いつの日か、ジョージア州の赤土の丘で、かつての奴隷の息子たちとかつての奴隷所有者の息子たちが、兄弟として同じテーブルにつくという夢である」と語った。彼が目指したものこそ神の義だと言っていいだろう。神の義とは、抑圧されたものを解放することだけでなく、これまで抑圧していた者たちをも悪から解放し、人々の間に愛とゆるし、一致、平和を実現するものなのだ。神の目に義とされる世界とは、一人の例外もなく、すべての人が「神の子」として大切にされ、人間らしく生きられる世界のことだと言ってよいだろう。

上から出た知恵は、何よりもまず、純真で、更に、温和で、優しく、従順なものです。憐れみと良い実に満ちています。偏見はなく、偽善的でもありません。義の実は、平和

を実現する人たちによって、平和のうちに蒔かれるのです。（ヤコ３・17―18）

ヤコブ書は、神の義についてこのように述べている。神の義は、人間同士が互いをいたわり、思いやることによって実現する平和の中からこそ生まれるものなのだ。それぞれが自分の正しさを主張して相手を否定し、争い合う世界に平和はありえない。平和とは、弱さや限界を抱えた人間同士が互いをいたわり、思いやることによって、相手の意見に誠実に耳を傾け、納得がゆくまで話し合うことによってのみ実現するものなのだ。平和とは、神の義の実現であると言ってもよいかもしれない。平和を願って祈るのは、神の義の実現を願って祈るのと同じことなのだ。

神の義とは神の愛の実現であり、イエス・キリストそのものだという見方もできる。

神によってあなたがたはキリスト・イエスに結ばれ、このキリストは、わたしたちにとって神の知恵となり、義と聖と贖いとなられたのです。（一コリ１・30）

とパウロが記している通り、キリストこそが神の知恵であり、聖性そのものであり、贖いであり、義の実現なのだ。キリストの言葉と生涯において示された神の知恵こそ、神の義に続く道である。聖性とは神のために取り分けられている、神のみ旨のままであるという意味であり、聖なる人とは神の義を生きる人に他ならない。神の望みは全人類の救いであり、神の義が実現するときわたしたちは罪から解放され、贖われる。それらすべてが、キリストにおいて実現している。祈りにおいてキリストと一致すること、キリストはいま自分に何を望み、自分を通して何をしたいと望んでおられるのかを問い続けること、それこそが神の義への道だと言ってよいだろう。「義に飢え渇く」とは、キリストに飢え渇くということなのだ。

軛を負わすこと、指をさすこと／呪いの言葉をはくことを／あなたの中から取り去るなら／飢えている人に心を配り／苦しめられている人の願いを満たすなら／あなたの光は、闇の中に輝き出で／あなたを包む闇は、真昼のようになる。（イザ58・9―10）

義への言及はないが、イザヤのこの言葉は、神が望まれる義の意味をとてもよく表しているように思う。わたしたちは、神の前にへりくだり、互いに愛しあい、助けあうことによって義とされる。飢えている人、苦しめられている人に心を開くとき、わたしたちの目の前に義への道が開かれ、心を閉ざすとき、義への道も閉ざされるのだ。苦しんでいる人を前にして見て見ぬ振りをするのは、義に対して、キリストに対して心を閉ざすのに等しい。心を開いて助けの手を差し伸べるなら、そのときわたしたちの間にキリストがおり、キリストの愛は世界を照らす希望の光となる。

義に飢え渇く人

イエスは、義について語るにあたって、「飢え渇く」という印象的な言葉を使っている。不正がはびこる世界の中で、神の義の実現を心の底から待ちわびている。そのような強い思いを感じさせる言葉だ。

神よ、あなたはわたしの神。わたしはあなたを捜し求め、わたしの魂はあなたを渇き求めます。あなたを待って、わたしのからだは、乾ききった大地のように衰え、水のない地のように渇き果てています。(詩63・2)

この詩編は、魂の「渇き」について語っている。人間の体は、水なしでは生きてゆくことができない。それと同じように、人間の魂は、神の恵みがなければ衰え、死んでしまうということだ。そもそも人間は、ただの土塊にすぎなかった。その土塊に「命の息」が吹き込まれることによって、人間は生きる者となったのだ（参照・創２・７）。「命の息」は神の霊であり、神の恵み、神の力が人間に吹き込まれたと考えてよいだろう。神の恵みから離れれば、人間はもとの土塊となり、「渇ききった大地」のようになって死んでしまう。人間の魂は、神から離れて生きることはできないのだ。渇くということは、単に望んでいる、欲しているということではない。例えば、夏山を登っている途中で水筒の水を飲み尽くした人が、喉が渇いて水のこと以外考えられなくなるのと同じように、もうそのこと以外考えられなくなる。全身全霊でそれを求める。そのような意味あいでの、命がけの求めなのだ。

ただ、残念ながら、人間は魂に渇きを感じても、その渇きが何への渇きなのかに気づかない。自分が何に渇いているかがわからないまま、手当たりしだいに渇きを満たしてくれそうなものに手を伸ばすのだ。ある人は、「何をしても虚しい。生きる意味が感じられない」と思ったとき、アルコールを飲んだりごちそうを食べたりすることでその虚しさを埋めようとする。ある人は買い物によって、ある人は娯楽を求めることによって、ある人は旅をすることによって虚しさを埋めようとするが、そのような地上のもので心の虚しさを埋めることはできない。心の虚しさ、魂の渇きを癒すことができるもの、それは神の愛だけなのだ。

主よ、あなたはわたしたちをあなたのためにおつくりになりました。ですから、わた

しの心はあなた自身の中に憩うまで安らぐことはありません。（『告白』1・1）

と聖アウグスティヌスが言うように、人間は神のうちに、神の愛のうちに憩うまで本当の安らぎを得ることはない。「義に飢え渇く人々」は、少なくとも自分が何に渇いているかに知っている。人間の根源的な飢えと渇きは、神の義が行われ、すべての人が「神の子」として生きられる世界が実現したとき、キリストが到来し「神の国」が実現したとき、初めて満たされるのだ。それを知っているだけでも、「義に飢え渇く人々」は幸いだと言えるだろう。彼らは少なくとも、暴力によって相手を滅ぼす道や、何をしても無駄だと諦める絶望の道を選ぶことがない。やがて訪れるキリストの到来に希望を託し、困難を乗り越えてゆくことができるだろう。

神の国は、飲み食いではなく、聖霊によって与えられる義と平和と喜びなのです。
（ロマ14・17）

とパウロは言う。「聖霊によって与えられる義と平和と喜び」こそが、「神の国」において与えられるものだということだろう。義の実現、すべての人が「神の子」として幸せに生きられる世界の実現とは、「神の国」の実現に他ならないのである。「飲み食い」による喜びは、一時的なものでしかない。いくらお腹が空いていても、いつまでも食べ続けるわけにはいかないだろうし、どれほど食べたところで、それだけで心の虚しさが満たされることはないだろう。しかし、義がもたらす喜びはいつまでも消えることがなく、人間の心を隅々まで満たしてゆく。「神の国」とは、神から愛される喜び、互いに愛し合う喜びに満たされて永遠に生きる世界なのだ。

わたしが与える水を飲む者は決して渇かない。わたしが与える水はその人の内で泉となり、永遠の命に至る水がわき出る。（ヨハ4・14）

とイエスはサマリアの女に語っている。イエスが与える水とは、イエスの心からあふれ出す神の愛と考えてよいだろう。イエスと出会って愛を注がれ、その愛で満たされるとき、わたしたちの心自体からも愛があふれ出すということだ。例えば、社会の片隅に追いやられ、差別されている人が、イエスと出会ったとする。イエスからいたわりに満ちた言葉をかけられ、手のぬくもりにふれて癒やされたその人は、神の愛のぬくもりのなかで「自分はかけがえのない神の子なのだ」と確信するだろう。そのとき、それまで神を愛することも、自分自身を愛することもできなかったその人の心の中に、神への愛、自分自身への愛が泉のように湧き出すのだ。イエスのもとから離れても、その確信を持ち続けている限り、愛の泉が枯れることはない。その人の心を満たした神の愛は、周りの人たちに向かって自然に流れ出してゆき、その人の行く先々に愛の輪が広がってゆくだろう。このようにして、イエスと出会った人の中に神の義が実現し、その人の周りに神の国が始まる。神の義への飢えと渇きは、イエスとの出会いによって必ず満たされるものなのだ。

わたしが命のパンである。わたしのもとに来る者は決して飢えることがなく、わたしを信じる者は決して渇くことがない。（ヨハ6・35）

とイエスは人々に語っている。「命のパン」とは、イエスが言葉や行いを通して人々に手渡す神の愛と考えてよいだろう。イエスの言葉と行いからあふれ出す神の愛こそ、人々の魂を満たす「命のパン」なのである。

現代社会は、「意味に飢える社会」だという見方がある。大きな企業や工場で、まるで複雑な機械を動かす歯車の一つのように働く毎日の中に意味を見出すことができない。自分が何のために生まれてきたのか、自分が生きることにどんな意味があるのかわからない。そのように感じる人が増えてきているのだ。人生の意味を見失うとき、わたしたちの心に虚しさが生まれ、その虚しさは「意味への飢え」を生む。

イエスとの出会いは、この種の飢えも満たすことができる。イエスと出会って神の愛に包まれ、自分の本当の価値に気づくとき、わたしたちは自分が何をすべきか、何のために生まれてきたかを知るのだ。それは、イエスと出会ったペトロのことを思い出せばわかるだろう。イエスはペトロを見つめ、「わたしについて来なさい。人間をとる漁師にしよう」(マタ4・19)と語りかけた。ペトロは、迷わずに網を捨て、イエスの後に従った。おそらくペトロの中にも、多くの青年が抱える人生の迷い、「わたしの人生は、果たしてこのままでよいのか」という迷いがあったのだろう。イエスと出会ったとき、その迷いは消えさった。イエスの愛の中でペトロは、自分が何をすべきなのか、何のために生まれてきたのかを知ったのだ。

今の時代に聖書や教会を通してイエスと出会うわたしたちは、「人間をとる漁師にしよう」といった具体的な呼びかけを聞くことはないかもしれない。だが、イエスの愛と出会うとき、「自分は神から愛されたかけがえのない存在だ。自分の人生には意味がある」という深い確信が生まれることだけは間違いがない。自分自身を肯定し、愛情深く見つめるとき、わたしたちは必ず自分にできること、自分がすべきことを見つけ出せるだろう。イエスは確かに「命のパン」であり、わたしたちの飢えを満たしてくださる方なのだ。

イエスは、すべてのことが今や成し遂げられたのを知り、「渇く」と言われた。こうして、聖書の言葉が実現した。（ヨハ19・28）

聖書の中で「飢え渇く」という言葉をたどってゆくと、最後にイエス自身の「渇く」という言葉に行き当たる。「命の水」の源であるはずのイエスが、なぜ渇くのだろうか。十字架の上でイエスが感じた渇きとは、一体、何への渇きだったのだろうか。

主イエスは、渇きによってわたしたちへの熱烈な愛のイメージをわたしたちに提示しています。

というクレルヴォーのベルナルドゥスの言葉に代表されるように、教会は伝統の中で、このイエスの渇きを、人々への愛ゆえの渇きとして受け止めてきた。イエスは、自分の命を捧げても惜しくないほど人々を愛している。人々を何とかして救いたいと願っている。ところが、人間は神の愛に気づかず、イエスのもとに立ち返ろうともしない。「なぜ気づかないのか。なぜ、救いから遠ざかり、滅びに身を投じようとするのか」、そのようなイエスのもどかしい思いこそが、イエスの「渇き」なのである。イエスの「渇き」とは、人類に対する愛の裏返し、あるいはそれ自体として一つの強烈な愛のメッセージだと考えてよいだろう。

さらに読み込めば、「渇く」というイエスの言葉の中に、自分の人生の意味への問いかけも含まれていると考えることもできる。「わが神、わが神、なぜわたしをお見捨てになったのですか」（マタ27・46）という他の福音書に記された十字架上でのイエスの言葉から類推すれば、「渇く」という言葉も、「なぜわたしがここで死ななければならないのですか。わたしの人生にはどんな意味があったのでしょうか」といったイエスの渇き、人生の意味への飢えの表れとみることができるのだ。

イエス自身がこのような「渇き」を味わったということは、逆説的な意味でわたしたちにとって救いとなる。イエスは、人間が誰しも味わう愛への渇き、人生の意味への渇きを、ご自分自身でも味わわれた。人間が味わう苦しみを、人間と共に隅々まで味わい尽くされたのである。こうして神は、わたしたちと共に生きる神、人間の弱さをすべて知り、憐れまれる神となった。神は、わたしたちが感じる愛への渇き、人生の意味への渇きに同情できない方ではなく、かえってご自分のことのように憐れみ、救いの手を差し伸べてくださる神となられたのだ。愛への渇き、人生の意味への渇きを感じるとき、わたしたちは、「この苦しみは、イエスご自身も味わった苦しみだ」と思い、イエスと心を一つにすることができるだろう。

「渇く」という言葉は、苦しみの中にあってイエスとわたしたちを固く結びつける言葉でもあるのだ。

十字架上でのイエスの渇きは、まさに「義への渇き」と言ってよいだろう。イエスは、神のみ旨の実現のため、人々の救いのために渇いていたのだ。この渇きは、一体どうなったか。わたしたちはその答えを知っている。イエスの渇きは永遠の愛の中で癒やされ、イエスは神の栄光に満たされたのだ。「義に飢え渇く人々は、幸いである。その人たちは満たされる」という言葉は、まさにイエスが、ご自分のことを語った言葉だと言ってもよいだろう。だからこそ、わたしたちはこの言葉に信頼し、希望を置くことができる。義への渇きは、天国の栄光の中で必ず癒やされ、満たされるのだ。

ある意味で、イエスは今も、十字架の上で人間の愛に渇き続けているとも言える。イエスは今この瞬間も十字架の上にいて、人間の愛に渇き、義の実現に渇いているのだ。わたしたちはその渇きを満たすために働き続ける。その渇きは、わたしたちがどんなに頑張ってもすぐに癒されることはないだろう。だが、イエスの飢えと渇きが満たされるときは必ずやって来る。「神の国」がやって来るとき、人間は神への愛を取り戻し、「神の子」としての本来の姿を取り戻す。そのときにこそ、イエスの飢えと渇きは完全に癒されるのだ。

義を生きる

何よりもまず、神の国と神の義を求めなさい。そうすれば、これらのものはみな加えて与えられる。（マタ6・33）

「山上の説教」の中で、イエスはこう語っている。何を食べようか、何を着ようかなどと思いわずらう必要はない。ただ「神の国と神の義」を求めて生きよ。そうすれば、生きてゆくために必要なものは神が与えてくださる、というのだ。そうだとすれば、「義に飢え渇く人々」はまさに幸いだということになる。義に飢え渇き、義を求めて生きている限り、必要なものはすべて神が与えてくださるのだ。

現代における教会の使命

現代の教会は、さまざまな課題を抱えている。新型コロナウイルスの蔓延によって十分に活動できない、若者たちが教会に集まらず高齢化が進んでゆく、司祭・修道者の召命が減ってゆくなどたくさんの課題があり、教会の未来について心配を始めたらきりがない。

そんな中でわたしたちはつい、小手先の解決法を考えてしまいがちだ。たとえば、どうすれば若者を教会に集めることができるかというとき、若者たちがよく見るスマホを使って宣教しようとか、若者たちが気に入るような絵柄のポスターを作ろうとか、若者たちが喜ぶバーベキュー大会をしようとか、そのようなことを考える。それら一つひとつはいいアイディアだと思うが、そもそも教会自体が生き生きとして魅力にあふれていなければ、あまり効果は期待できないだろう。

では、どうしたらよいのだろうか。生き生きとして魅力のある教会であり続けるために必要なことはただ一つ、いつも教会が教会らしくあること、自分に与えられた宣教の使命、奉仕の使命を喜んで力強く果たしていることだけだ。さまざまな心配事に心をかき乱され、自分たちの将来を心配して青い顔をしているような教会には、あまり魅力がない。神の愛を信じ、ただひたすら「神の国と神の義」の実現を求めて邁進する教会にこそ魅力があるのだ。もしそのような教会であり続けることができれば、若者たちは自然に集まってくるようになる。召命も増える。コロナ禍だろうとなんだろうと、ひたすら「神の国と神の義」を求めて突き進む教会の勢いを止めることはできない。イエスが約束している通り、「神の国と神の義」を求めさえすれば、他のものはすべて与えられるのだ。

「義に飢え渇く人々」とは

では、現代の社会にあって「神の国と神の義」を求めるとは、具体的にどのようなことだろうか。どんな人々が、何に苦しみ、どのような状況の中で「義に飢え渇いている」のだろうか。「神の国と神の義」を実現するために、教会はその人々とどのように関わったらよいのだろうか。

いわゆる貧しい人々、社会の片隅に追いやられ、経済的な貧困の中で苦しんでいる人たちは、まぎれもなく「義に飢え渇く人々」だと言えるだろう。「なぜ、世の中にこんな不平等が存在するのか。なぜ、こんなに頑張って働いているのに報われないのか。なぜ、自分たちだけがこんな目にあわなければならないのか」、貧しい人々のそのような叫びこそ、「義に飢え渇く人々」の叫びに他ならない。その叫びは、すべての人が神の子として大切にされる社会、生きがいを感じながら幸せに生きられる社会、すべての人が互いに愛し合い、支え合って生きる「神の国」の実現を求める叫びなのだ。

貧しい人たちに食べ物や衣服などを配るのは、教会が最初にできることだろう。だが、それだけで満足していてはいけない。「神の国」とは、貧しい人たちが富んだ人たちの憐れみによって生かされている世界のことではなく、すべての人が「神の子」としての誇りを持ち、社会の中に居場所を持って生き生きと暮らせる世界のことなのだ。もし仕事がないなら、その人たちのために仕事を作る必要があり、差別があるなら、その差別に対して抗議の声を上げる必要がある。自分たちの身を切って社会そのものを変え、「神の国」を実現してゆく。そのような活動が、いままさに教会に求められているように思う。

義に飢え渇いているのは、心に貧しさを抱えた人たちも同じだ。マザー・テレサは「この世界でもっともひどい貧困は、自分は誰からも必要とされていないと感じることです」と言った。そのような心の貧しさ、自分は一人ぼっちで誰からも必要とされていない、誰も自分を愛してくれる人などいないと感じる「心の貧しさ」の中で苦しんでいる人たちは、この世界に無数にいる。経済的には恵まれ、衣食住に困ることのない暮らしをしていても、「心の貧しさ」を抱えている人は多い。ある意味で、人間は誰しも、何らかの形で「心の貧しさ」を抱えていると言ってもよいくらいだ。

たとえば、児童に対する虐待やネグレクトと呼ばれる行為は、目に見える形をとる場合もあるが、目に見えない精神的なレベルで進行している場合もある。子どもたちは、親のことを決して責めず、自分が我慢すればよいのだと思ってじっと耐えていることが多い。児童虐待が発生する場合には、子どもたちだけでなく、親自身も何か大きな別の問題を抱え、その問題と戦っていることもある。これまで自分自身がじっと耐えてきたこと、溜め込んできた怒りを、子どもにぶつけているようなケースもあるのだ。わたしたちは、子どもにも、親にも真摯に関わってゆく必要がある。親も子どももそれぞれに、「義に飢え渇き」、神の愛を求めながら苦しんでいるのだ。

高齢者が、健康状態の悪化や認知症の進行などによって社会から疎外され、「義に飢え渇いている」場合もある。若者たちが、不器用さゆえに自分の居場所をなかなか見つけられず、「義に飢え渇いている」場合もある。大切なのは、彼らの声なき叫びに気づくことだろう。心の耳を澄ませば、至るところから義を求める人々の叫び声が聞こえてくる。その一つひとつと丁寧に向かい合い、一人ひとりと真摯に関わることによって神の愛を伝えてゆく。それこそ、現代の教会に求められていることだろう。

受刑者たちに寄り添う

教会で働いていると、さまざまな形で「義に飢え渇く人々」と出会うが、特に強い飢えや渇きを感じるのは、刑務所で教誨師として受刑者たちと接しているときだ。彼らはみな犯罪者ではあるが、虐待や貧困などによって生み出された、満たされない愛への飢えや渇きが彼らを犯罪に向かわせている場合も多い。個人を特定できない形で、二つほど典型的なケースを上げてみたい。

①誰からも愛されたことがなかった

受刑者の中には、子どもの頃から親に虐待を受けてきた、誰からも愛されたことがないという人たちがいる。子どもの頃に母親が再婚したが、義父にも子どもがおり、両親はそちらばかりを可愛がる。自分は、母親からも義父からも虐待され、誰からも愛されたことがなかった。高校を出て「夜の街」で働くようになってから、接客の中で初めて誰かから愛されたと感じ、客と深い関係になった。だが、相手はどうも自分を利用しているだけのようにも思える。それでも、ようやくつかんだ愛を手放したくないので、仕方なく相手の無理な要求に応じる、というようなことをしている内に犯罪に巻き込まれ、自分自身も犯罪に手を染めてしまう。そのようなケースが、少なからずあるのだ。そのような場合、彼らはある意味で犠牲者とも言えるだろう。彼らが願っていたのは、ただ愛されることだけだった。だが、不義がはびこる社会の中で、誰も彼らに愛を注いでくれる人はいなかったのだ。

②差別や貧困の中で追い詰められた

親から十分な食事を与えられず、子どもの頃から常習的に万引や窃盗を繰り返してきたという人もいる。誰も食べ物を恵んでくれる人がいない以上、力ずくでも奪い取る以外にない。そのように育ってきた人は、大人になっても万引や窃盗をすることにあまり抵抗を感じないようだ。最近、いわゆる「うそ電話詐欺」に関わって逮捕されてくる人も多いが、彼らの多くは、「自分は貧しく、高齢者たちは金が余っている。生きていくために仕方がなかったことで、あまり悪いとは思っていない」とうそぶく。自分勝手な理屈ではあるが、中には実際に学歴や国籍などで差別を受け、極度の貧困に陥っていた人もいる。被害者のことを思えば決してゆるされない罪ではあるが、社会が彼らにきちんと助けの手を差し伸べていれば、彼らがそこまで追い詰められることはなかっただろう。彼らの心の中に「誰かが助けてくれないか」という願いがあったからこそ、誰も助けてくれなかったときに「こうなったら何でもやってやる」と考えるようになった。そのようにも思える。その意味では、彼らも「義に飢え渇く人々」だったのだ。

「義に飢え渇く人々」というと、抑圧されている側、犯罪であれば被害者の側をまず連想するだろう。だが、実際には、加害者の側もある意味で義へ飢えや渇きを持っているのだ。義の実現とは、被害者だけでなく加害者も救済され、すべての人が人間らしく生きられる世界を実現していくことだろう。加害者は、刑務所での日々を通して自分が犯した罪を償う。だが、もし彼らの心が飢え渇いたままならば、刑務所を出たあとまた間違いを犯すかもしれない。

わたしは刑務所の教誨で彼らに話しかけるとき、何よりもまず、「あなたたちは、愛されて生まれてきた神さまの子ども。一人ひとりが、限りなく尊い命。生命の間に優劣など存在しない」と伝えるようにしている。彼らの多くは、これまでの人生の中で誰かから愛されたり、敬意を払われたりすることがなかった。彼らが自分自身の尊さに気づき、自分自身を大切にするようになること。それが、彼らにとって義の実現の第一歩になるとわたしは信じている。

満たされた人生

「義に飢え渇く人々」は満たされ、「神の国と神の義」を求める者にはすべての必要なものが与えられるとイエスは語っている。義を求めて生きる人には、人間にとって最も大切なもの、魂の充足、喜びに満ちた幸福な人生が与えられるのだ。フランシスコ教皇は、二〇一九年の来日の際に行われた青年との集いの場や、来日の直前に出された使徒的勧告『キリストは生きている』の中で、若者たちに、苦しんでいる他者のために自分を差し出して生きる人生の可能性を説いている。義について論じる本稿の最後に、人生の道しるべとしての義に触れてみたい。

来日の際に東京で行われた青年との集いの中で、フランシスコ教皇は、いじめで苦しむ中でイエスの言葉が支えになったと自分の体験を分かち合った青年に対して、「世界はあなたを必要としている、それを決して忘れないでください」と語りかけた。「今日、起き上がるのに手を貸してほしいと求めている多くの人に、勇気を与えるために、主はあなたを必要としている」、そして、倒れている誰かのために手を差し伸べる人生を選ぶようになれば、あなたは「幸せになれます」というのだ。

「肝心なのは、誰のために生きているかです」とフランシスコ教皇は言う。自分のために生きることばかり考えては、いつまでも道を見つけることができない。助けを必要としている誰かのために自分を差し出すとき、すなわち愛に生きる道を選ぶとき、わたしたちは幸せを見つけるということだ。「神はあなたに、他者のためにも存在してほしいと望んでおられます。神はあなたの中に、たくさんの性質、好み、たまもの、カリスマを置かれましたが、それらはあなたのためというよりも、他者のためのものなのです」とも、フランシスコ教皇は語っている。神がわたしたちに何か特別な恵みを与えたとすれば、それは誰かと分かち合うため、誰かと一緒に幸せになるためだというのだ。

これら一連の勧めは、まさに義への招きと言ってよいだろう。「苦しんでいる人々を放っておくことができない」という思いに駆り立てられ、自分に与えられたすべてのものを彼らと分かち合うことによって、共に幸せに生きる世界を実現してゆく。それこそが、義の実現に他ならないからだ。苦しみから抜け出したい、救われたいと願うなら、あえて自分から目を離し、他の人々の苦しみに目を向ける必要がある。その人たちのために自分を差し出し、持っているものを分かち合う中で、わたしたちは救いへと導かれてゆくからだ。人間の救いは、互いに愛し合い「神の子」として生きる現実の中にこそある。フランシスコ教皇は、わたしたちにそのことを繰り返し、力強く語りかける。

最新の回勅『兄弟の皆さん』（フラテッリ・トゥッティ）の中でフランシスコ教皇は、「誰も一人で救われることはできない。わたしたちは、一緒に救われる以外ない」と何回も述べている。誰か一人でも、この世界に苦しんでいる人、不条理な現実の中に置き去りにされている人がいれば、わたしたちは決して幸せになることができない。すべての人が「神の子」として大切にされ、「神の子」としての誇りを持って生きられる世界を実現したとき、初めてわたしたちは幸せに生きることができる。義のために自分を差し出し、そのような世界を実現してゆくことこそが、人間が幸せに生きるための唯一の道なのだ。

では、どこから始めたらよいのだろう。日々の生活の中で、他者のために生きるために、義を求めて生きるために何ができるのだろう。青年との集いの中でフランシスコ教皇は、「とても大切なのに、あまり評価されていない資質を向上させることが求められます。他者のために時間を割き、耳を傾け、共感し、理解するという能力です」と語っている。相手のために時間を割き、相手の話に耳を傾ける。相手の苦しみに共感して涙を流し、「この人のために何かせずにいられない」と思う。それこそが、義を求める人生の出発点なのだ。

「わたしは、エジプトにいるわたしの民の苦しみをつぶさに見、追い使う者のゆえに叫ぶ彼らの叫び声を聞き、その痛みを知った」（出3・7）という神の言葉も、神の人間に対する深い共感を示している。その共感が、救いの業の出発点となっているのだ。聖イグナチオは『霊操』の中で、三位一体の神が「人々がみな地獄に落ちるのをご覧になり、人類を救うための第二のペルソナが人間となることを永遠から決められた」（102）場面を観想するよう勧めている。イエスの受肉も、神の人間に対する深い共感から始まったということだ。相手に共感すること、それこそがキリスト教における救いの出発点だと言ってよいだろう。もしわたしたちがキリストに倣って生き、この地上に神の義を実現してゆきたいと願うなら、そのような人生を生きて幸せになりたいと願うなら、まず初めに「他者のために時間を割き、耳を傾け、共感し、理解する能力」を磨く必要があるのだ。

残念ながら、現代社会の中でこの能力はあまり重んじられていない。自分の能力を磨いたり、財産や地位を手に入れたりするために時間を使うことこそが時間の有効活用と考えられ、それ以外のことに使うのは「時間の浪費」とみなされてしまうのだ。だが、それはまったく間違ったものの見方だと言わざるをえない。ミヒャエル・エンデの名作『モモ』の中に出てくる時間泥棒の話は、わたしたちにそのことをよく理解させてくれる。時間泥棒たちは、病人のために新聞を読んであげる、さびしいお客さんと会話をするなど、他者のために時間を費やすのは時間の無駄遣いだと説き、その時間を時間銀行に預けるよう人々を説得する。だが、そのように「無駄な時間」を節約してゆけばゆくほど、人々の生活はやせ細り、貧弱になっていった。預けたはずの時間も、実は時間泥棒たちによって煙に変えられていたのだった。わたしたちも、目に見えない時間泥棒に騙されているのではないだろうか。地位や名誉、財産などを追い求めて費やされた時間こそ、実は無駄な時間であり、人々と分かち合われた時間こそ、実は最も有益な時間であることを忘れないようにしたい。

使徒的勧告『キリストは生きている』の中で、フランシスコ教皇は、「この世界の目まぐるしさはあなたを、方角の定まらない、ゴールもない、どんな努力もすべて無駄になる、無意味なレースに引きずり込む」、だからこそ、イエスと向かい合う「内的沈黙」を大切にしなさいと若者たちに語りかけている。「内的沈黙」とは、「あれもほしい、これもほしい」「どちらを選ぶのが自分にとって得だろうか」「あいつにどうやって復讐してやろうか」などといった心の表面に響く声を静めること、欲望や感情を手放して神に委ね、幼子のような静かな心で神の前に自分を差し出すということだと考えたらよいだろう（参照・詩133）。内的沈黙の中で、わたしたちの心の最も奥深いところから語りかけるキリストの声に耳を傾けるとき、わたしたちは自分にとって何が一番大切なことなのか、神が自分に何を望んでおられるのか、どうしたら最も大きな喜びを感じることができるのかを知る。その声に導かれて行動している限り、道を誤ることは決してない。逆に、心の表面に響く感情や欲望の声、地上の地位や名誉、財産などの誘惑に引きずられて行動するなら、とんでもない方向に走り出して、人生の時間を無駄にしてしまう危険性がある。

「他者のために時間を割き、耳を傾け、共感し、理解する能力」の中には、キリストの声に耳を傾けることも含まれている。義に飢え渇き、「神の国と神の義」を求めて生きる人生、神のみ旨のままに生きて喜びに満たされる人生は、心を沈黙させてキリストの声に耳を傾け、キリストと語り合うことから始まるのだ。フランシスコ教皇は青年との集いの中で、「本当の意味で充実して生きるには、霊的な呼吸も覚える必要があります」と語った。深い祈りの呼吸の中で、わたしたちは苦しんでいる人々を通して語りかけるキリストの声を聞き、自分自身の心の奥深くから語りかけるキリストの声を聞く。キリストの声は、いつもわたしたちを義の実現に向かって駆り立てる声だ。その声に従って、「神の国」への道を歩んでゆきたい。

真福八端の言葉は、どれも逆説に満ちている。なぜ、貧しい人々や悲しむ人々、迫害される人々が幸いと言えるのだろうか。それはおそらく、人間の目には困難と思われるそのような状況の中でこそ、神の恵みが働くからだろう。自分の力の限界を知って神の手にすべてを委ねるとき、神の力がわたしたちを満たす。自分のすべてを十字架につけて差し出すとき、復活の栄光がわたしたちを満たす。真福八端は、この福音の逆説に貫かれているのだ。「神様、なぜこんなことが起こるのですか。なぜ、あなたは何もしてくださらないのですか」と問わざるを得ないほどの不義の中で、ひたすら義を求めて祈り続けるなら、「わが神、わが神、なぜわたしをお見捨てになったのですか」と叫ぶキリストとともに十字架の苦しみを担いながら、それでも義に向かって歩き続けるなら、復活の栄光と喜びがわたしたちを包む日が必ずやって来る。「義に飢え渇く人々は、幸いである。その人たちは満たされる」とは、究極的にはそのような意味であろう。この言葉を深く心に刻み、「神の国と神の義」へと続く道をイエスと共に歩み続けたい。

憐れみの心とその形

憐れみ深い人々は、幸いである、その人たちは憐れみを受ける。（マタ5・7）

竹内　修一

はじめに

「あなたがたに平和があるように」（ヨハ20・19、21、26）――復活の後、イエスは、そう弟子たちに語りかけた。これは、イエスの福音の原点である。そもそもイエスの名は、「平和の君」（イザ9・5）であった。平和は、その根源においては確かに恵みであるが、私たちが築いていかなければならないものでもある。問題は、その段取りである。まず、私たちが心を注がなければならないこと――それは、私たち一人ひとりの心が穏やかであること、これである。そのことの確認と実現のためにも、私たちには、あらためて神の憐れみの再確認が求められる。イエスの語る「平和」（シャローム）は、日常生活においては、挨拶の言葉として交わされる。しかし、その本来の意味は、「神が共におられる」ということである。以下、三つの観点から、この現実について考察したい。まず、旧約聖書において語られる神がどのような方であるか、そのことについて概観する。次に、この神から遣わされたイエスが、いったいどのように神の憐れみを体現したのか、そのことを振り返る。そして最後に、私たちが、この神の憐れみを生きるにあたって、具体的にどのように生きたらいいのか、そのことについて検討したい。

怒るに遅く、慈しみ深い

旧約聖書における「憐れみ」と「慈しみ」

「憐れみ」（ラハミーム〈レヘム〉）と「慈しみ」（ヘセド）は、旧約聖書において、神の本質を端的に現している。[1] 以下は、その典型的な箇所の一つである。

主は彼（モーセ）の前を通り過ぎて宣言された。「主、主、憐れみ（ラフーム）深く恵み（ハヌーン）に富む神、忍耐強く、慈しみ（ヘセド）とまこと（エメト）に満ち、幾千代にも及ぶ慈しみ（ヘセド）を守り、罪と背きと過ちを赦す。しかし罰すべき者を罰せずにはおかず、父祖の罪を、子、孫に三代、四代までも問う者」[2]（出34・6―7）

この「憐れみ」あるいは「慈しみ」のゆえに、神は、人間の罪を赦し、癒しを与え、そして贖う。ちなみに、「慈しみ」と「まこと」も、旧約聖書において、神の本質を表わす言葉として（しかもこの順序で）語られる。

このような神は、とりわけ、貧しい者・寡婦・孤児などの社会の周辺に追いやられた人々に、「憐れみ」や「慈しみ」を注ぐ。


とこしえにまことを守られる主は／虐げられている人のために裁きをし／飢えている人にパンをお与えになる。

主は捕われ人を解き放ち／主は見えない人の目を開き／主はうずくまっている人を起こされる。

主は従う人を愛し／主は寄留の民を守り／みなしごとやもめを励まされる。

しかし主は、逆らう者の道をくつがえされる。（詩146・6―9）

限りない忍耐

神は、限りなく忍耐強い——これは、神のもう一つの特徴である。この忍耐が、「憐れみ」や「慈しみ」として現れる。しかし、イスラエルは、神の憐れみに浴しながらもそれを忘れ、神から離れる。それでも、神は、そのようなイスラエルを捨て去ることなく、その立ち帰りを願う。


ああ、エフライムよ／お前を見捨てることができようか。

イスラエルよ／お前を引き渡すことができようか。

アドマのようにお前を見捨て／ツェボイムのようにすることができようか。

わたしは激しく心を動かされ／憐れみに胸を焼かれる。

わたしは、もはや怒りに燃えることなく／エフライムを再び滅ぼすことはしない。

わたしは神であり、人間ではない。

お前たちのうちにあって聖なる者。

怒りをもって臨みはしない。（ホセ11・8—9、エレ31・20、イザ49・14—15、54・7参照）

このような神に対して、人間は、頭を垂れて祈る。

神よ、わたしを憐れんでください／御慈しみをもって。
深い御憐れみをもって／背きの罪をぬぐってください。（詩51・3、6・3、9・14、4・2、25・16参照）

神は、しかし、このような人間をただ静観しているわけではない。むしろ、神は、人間が積極的に自らの元へ立ち帰ることを望んでいる。それは、悔い改めへの招きにほかならない。

神に逆らう者はその道を離れ／悪を行う者はそのたくらみを捨てよ。
主に立ち帰るならば、主は憐れんでくださる。
わたしたちの神に立ち帰るならば／豊かに赦してくださる。（イザ55・7）

神の慈しみは、とりわけ貧しい人々に注がれる。教皇フランシスコは、そのことをあらためて私たちに思い起こさせる。(3) 神とは、いったい、どのような方なのか。次の言葉は、あらためて私たちに、そのことを説き明かしてくれる。神は、すべての罪を深い海底に投げ込まれるのである。

あなたのような神がほかにあろうか／咎を除き、罪を赦される神が。

神は御自分の嗣業の民の残りの者に／いつまでも怒りを保たれることはない／神は慈しみを喜ばれるゆえに。

主は再び我らを憐れみ／我らの咎を抑え／すべての罪を海の深みに投げ込まれる。（ミカ7・18―19）

このような神の「慈しみ」は、しかし、限られた人々だけに注がれるわけではない。むしろ、それは、万人に及ぶ。「人間の慈しみは、隣人にしか及ばないが、／主の慈しみは、すべての人に及ぶ」（シラ18・13）、と語られるとおりである。


主は憐れみ深く、恵みに富み／忍耐強く、慈しみは大きい。

永久に責めることはなく／とこしえに怒り続けられることはない。

主はわたしたちを／罪に応じてあしらわれることなく／わたしたちの悪に従って報いられることもない。……。

父がその子を憐れむように／主は主を畏れる人を憐れんでくださる。

主はわたしたちを／どのように造るべきか知っておられた。

わたしたちが塵にすぎないことを／御心に留めておられる。（詩103・8―10、13―14）

憐れみと赦し

これまで考察してきた「憐れみ」は、「赦し」と深く結ばれている。しかし、赦しを得るためには、憤りや怒りは、大きな妨げとなる。むしろ、ひたすら寛容であること、それこそが、神の憐れみに浴することの条件となる。


憤りと怒り、これはひどく忌まわしい。

罪人にはこの両方が付きまとう。

復讐する者は、主から復讐を受ける。主はその罪を決して忘れることはない。

隣人から受けた不正を赦せ。そうすれば、願い求めるとき、お前の罪は赦される。

人が互いに怒りを抱き合っていながら、どうして主からいやしを期待できようか。

自分と同じ人間に憐れみをかけずにいて、どうして自分の罪の赦しを願いえようか。

弱い人間にすぎない者が、憤りを抱き続けるならば、いったいだれが彼の罪を赦すことができようか。

自分の最期に心を致し、敵意を捨てよ。

滅びゆく定めと死とを思い、掟を守れ。

掟を忘れず、隣人に対して怒りを抱くな。

いと高き方の契約を忘れず、他人のおちどには寛容であれ。（シラ27・30～28・7）

神の慈しみは神秘

神の「慈しみ」は、神秘である。それゆえ、それは、私たちにとって観想の対象となる。教皇フランシスコは、『イエス・キリスト、父のいつくしみのみ顔』において、次のように語る。

私たちは、常に慈しみの神秘を観想しなければなりません。慈しみは喜びの源、静けさと平和の泉です。慈しみは、私たちの救いに不可欠です。慈しみ――それは三位一体の神秘を明らかにする言葉です。慈しみ――それは神がそれゆえに私たちに会いに来られる、究極の最高の行為です。慈しみ――それは人生の旅路で出会う兄弟と真摯に向き合うとき、それぞれの心で働く、基本となる法です。慈しみ――それは私たちの罪という限界にもかかわらず、いつも愛されているという希望を心にもたらすもので、神と人が

一つになる道です。(4)

教皇フランシスコは、このことを裏付けるものの一つとして、次のようなトマス・アクィナスの言葉を引用する。「憐れみを起こすことは神に固有なことであるとされ、また神の全能は何より第一に憐れみにおいて明示される」（『神学大全』II-II, q. 30, a. 4）。

自分を無にして人となり

憐れみによる解放と赦し

イエス・キリスト——それは、神の憐れみの体現にほかならない。そこには、明らかに、旧約聖書からの連続性を見ることができる。彼は、憐れみ深い大祭司として、罪を除いてあらゆる点で、私たちと同じ人間としてこの世の生を生き抜いた。

イエスは、神の御前において憐れみ深い、忠実な大祭司となって、民の罪を償うために、すべての点で兄弟たちと同じようにならねばならなかったのです。（ヘブ2・17）

イエスは、旧約における神のように、とりわけ、社会の周辺に生きる人々に好意を示し、彼らと出会い、交わり、福音を宣べ伝えた。

主の霊がわたしの上におられる。
貧しい人に福音を告げ知らせるために、主がわたしに油を注がれたからである。
主がわたしを遣わされたのは、捕らわれている人に解放を、目の見えない人に視力の回復を告げ、圧迫されている人を自由にし、主の恵みの年を告げるためである。（ルカ4・18―19、7・22参照）

この言葉の背景には、イザヤ書61・1―2と58・6がある。ここで「解放」および「自由」と訳された言葉（アフェシス）は、他の箇所では、「赦し」と訳されている。「解放」は、他人による圧迫・拘束からの、「赦し」は、自分が犯した罪からの解放である。いずれにしても、この「アフェシス」は、イエスにおいて働く神の業にほかならない。

徴税人マタイの召命

イエスは、臆することなく、徴税人や罪人の仲間となり（ルカ7・34）、彼らと交わり、食事まで共にする(5・27、30、15・1—2、19・7)。徴税人マタイの召命は、そのことを端的に現わす物語の一つである(マタ9・9—13)。

イエスはそこをたち、通りがかりに、マタイという人が収税所に座っているのを見かけて、「わたしに従いなさい」と言われた。彼は立ち上がってイエスに従った。(マタ9・9)

教皇フランシスコは、この個所についての聖ベーダ・ヴェネラビリス(六七二/六七三—七三五)の説教に触れながら、こう述べる。「イエスはマタイを慈しみに満ちた愛をもって見つめ、そして彼を選ばれた——憐れみ、そして選んだ(miserando atque eligendo)」[5]。「イエスは徴税人〔マタイ〕を見つめ、『憐れみ〔赦しながら〕(miserando)、そして(atque)〔使徒として〕選ばれ(eligendo)』、私について来なさいと言った」。miserando は「憐れみながら」の意であるが、同時にまた「赦しながら」でもあるだろう。また、eligendo は「選びながら」の意であるが、「愛しながら」でもあるだろう。いずれにしても、この行為は、ひとえにアガペーとしての愛、すなわち「憐れみ」によって貫かれている。

ナインのやもめとその息子

次の物語も、イエスの憐れみの心がよく現れている物語の一つである。

それから間もなく、イエスはナインという町に行かれた。弟子たちや大勢の群衆も一緒であった。イエスが町の門に近づかれると、ちょうど、ある母親の一人息子が死んで、棺が担ぎ出されるところだった。その母親はやもめであって、町の人が大勢そばに付き添っていた。主はこの母親を見て、憐れに思い、「もう泣かなくともよい」と言われた。そして、近づいて棺に手を触れられると、担いでいる人たちは立ち止まった。イエスは、「若者よ、あなたに言う。起きなさい」と言われた。すると、死人は起き上がってものを言い始めた。イエスは息子をその母親にお返しになった。人々は皆恐れを抱き、神を賛美して、「大預言者が我々の間に現れた」と言い、また、「神はその民を心にかけてくださった」と言った。イエスについてのこの話は、ユダヤの全土と周りの地方一帯に広まった。（ルカ7・11―17）

あるやもめの一人息子が、亡くなった。その野辺の送りに、イエスは、たまたま出会う。やもめとは、何らかの理由で夫を亡くした女性。当時の社会において、やもめは、社会の周辺に追いやられた極めて弱い立場の人であった。そのようなやもめにとって、一人息子は、唯一の生きがいと言ってもよかっただろう。その息子が、自分よりも先に亡くなった。

イエスは、この母親を見て、憐れに思った。「憐れむ」という言葉は、ともすれば、日本語では、どこか上から目線のようなニュアンスがあるかもしれない。しかし、原語（スプランクニゾマイ）には、まったくそのような意味はない。[6]「はらわたがよじれる」（くらいに悲しみ苦しむ）といった意味だと言う。日本語の「断腸の思い」といった表現に近いかもしれない。

神は、決して人間の苦しみを放ってはおけない、そのような方。真の優しさは、苦しみや悲しみを共に経験することから生まれてくる——これは、変わることのない真実である。

失われたものを求めて

「ルカによる福音書」15章には、三つの物語が紹介されている。「見失った羊のたとえ」「無くした銀貨のたとえ」、そして「いなくなった息子のたとえ」である。これらの物語は、ファリサイ派や律法学者に対して語られる。彼らは、徴税人や罪人と忌憚なく交わり、食事まで一緒にするイエスに業を煮やしていた。少々長くなるが、引用してみたい。その際、特に、傍線を施した言葉に注目したい。

あなたがたの中に、百匹の羊を持っている人がいて、その一匹を見失ったとすれば、九十九匹を野原に残して、見失った一匹を見つけ出すまで捜し回らないだろうか。そして、見つけたら、喜んでその羊を担いで、家に帰り、友達や近所の人々を呼び集めて、「見失った羊を見つけたので、一緒に喜んでください」と言うであろう。言っておくが、このように、悔い改める一人の罪人については、悔い改める必要のない九十九人の正しい人についてよりも大きな喜びが天にある。（15・4―7）

あるいは、ドラクメ銀貨を十枚持っている女がいて、その一枚を無くしたとすれば、もし火をつけ、家を掃き、見つけるまで念を入れて捜さないだろうか。そして、見つけたら、友達や近所の女たちを呼び集めて、「無くした銀貨を見つけましたから、一緒に喜んでください」と言うであろう。言っておくが、このように、一人の罪人が悔い改めれば、神の天使たちの間に喜びがある。（15・8―10）

ある人に息子が二人いた。弟の方が父親に、「お父さん、わたしが頂くことになっている財産の分け前をください」と言った。それで、父親は財産を二人に分けてやった。何日もたたないうちに、下の息子は全部を金に換えて、遠い国に旅立ち、そこで放蕩の限りを尽くして、財産を無駄遣いしてしまった。何もかも使い果たしたとき、その地方にひどい飢饉が起こって、彼は食べるにも困り始めた。それで、その地方に住むある人のところに身を寄せたところ、その人は彼を畑にやって豚の世話をさせた。彼は豚の食べるいなご豆を食べてでも腹を満たしたかったが、食べ物をくれる人はだれもいなかった。そこで、彼は我に返って言った。「父のところでは、あんなに大勢の雇い人に、有り余るほどパンがあるのに、わたしはここで飢え死にしそうだ。ここをたち、父のところに行って言おう。「お父さん、わたしは天に対しても、またお父さんに対しても罪を犯しました。もう息子と呼ばれる資格はありません。雇い人の一人にしてください」と。そして、彼はそこをたち、父親のもとに行った。ところが、まだ遠く離れていたのに、父親は息子を見つけて、憐れに思い、走り寄って首を抱き、接吻した。息子は言った。「お父さん、わたしは天に対しても、またお父さんに対しても罪を犯しました。もう息子と呼ばれる資格はありません。」しかし、父親は僕たちに言った。「急いでいちばん良い服を持って来て、この子に着せ、手に指輪をはめてやり、足に履物を履かせなさい。それから、肥えた子牛を連れて来て屠りなさい。食べて祝おう。この息子は、死んでいたのに生き返り、いなくなっていたのに見つかったからだ。」そして、祝宴を始めた。

ところで、兄の方は畑にいたが、家の近くに来ると、音楽や踊りのざわめきが聞こえてきた。そこで、僕の一人を呼んで、これはいったい何事かと尋ねた。僕は言った。「弟さんが帰って来られました。無事な姿で迎えたというので、お父上が肥えた子牛を屠られたのです。」兄は怒って家に入ろうとはせず、父親が出て来てなだめた。しかし、兄は父親に言った。「このとおり、わたしは何年もお父さんに仕えています。言いつけに背いたことは一度もありません。それなのに、わたしが友達と宴会をするために、子山羊一匹すらくれなかったではありませんか。ところが、あなたのあの息子が、娼婦どもと一緒にあなたの身上を食いつぶして帰って来ると、肥えた子牛を屠っておやりになる。」すると、父親は言った。「子よ、お前はいつもわたしと一緒にいる。わたしのものは全部お前のものだ。だが、お前のあの弟は死んでいたのに生き返った。いなくなっていたのに見つかったのだ。祝宴を開いて楽しみ喜ぶのは当たり前ではないか」。（15・11―32）。

ここで傍線を施したそれぞれの言葉は、「アポッリューミ」（滅びる）という言葉である。その本来の意味は、「あるべき場所から離れて、滅びへと向かっている」である。たった一つのいのちでも失われること――それは、神にとっては忍びないこと。この忍びざる心こそ、憐みの心にほかならない。神は、いのちそのものであり、すべてのものにいのちを与える。「生ける神」（ヨシュ3・10）――これは、神の名にほかならない。いのちの神は、「だれの死をも喜ばない」（エゼ18・32）。人間は、生きるためにこそ、造られた。

神が死を造られたわけではなく、
いのちあるものの滅びを喜ばれるわけでもない。
生かすためにこそ神は万物をお造りになった。（知1・13―14）

惜しみない心が憐れみとなって

この他にも、新約聖書は、「憐れみ」をテーマとした物語に溢れている。例えば、「善きサマリア人」（ルカ10・25―37）、「仲間を赦さない家来」（マタ18・21―35）、そして「最後の裁きの場面」（25・31―46）などである。ここでは、あらためて、「善きサマリア人」の物語を見てみたい。

すると、ある律法の専門家が立ち上がり、イエスを試そうとして言った。「先生、何をしたら、永遠の命を受け継ぐことができるでしょうか。」イエスが、「律法には何と書いてあるか。あなたはそれをどう読んでいるか」と言われると、彼は答えた。「『①心を尽くし、精神を尽くし、力を尽くし、思いを尽くして、あなたの神である主を愛しなさい、また、隣人を自分のように愛しなさい』とあります。」イエスは言われた。「正しい答えだ。それを実行しなさい。そうすれば命が得られる。」しかし、彼は自分を正当化しようとして、「では、わたしの隣人とはだれですか」と言った。イエスはお答えになった。「ある人がエルサレムからエリコへ下って行く途中、追いはぎに襲われた。追いはぎはその人の服をはぎ取り、殴りつけ、半殺しにしたまま立ち去った。ある②祭司がたまたまその道を下って来たが、その人を見ると、道の向こう側を通って行った。同じように、②レビ人もその場所にやって来たが、その人を見ると、道の向こう側を通って行った。ところが、旅をしていたある③サマリア人は、そばに来ると、その人を見て④憐れに思い、近寄って⑤傷に油とぶどう酒を注ぎ、包帯をして、自分のろばに乗せ、宿屋に連れて行って介抱した。そして、翌日になると、⑥デナリオン銀貨二枚を取り出し、宿屋の主人に渡して言った。『この人を介抱してください。費用がもっとかかったら、帰りがけに払います。』さて、あなたはこの三人の中で、だれが追いはぎに襲われた人の隣人になったと思うか。」律法の専門家は言った。「その人を助けた人です。」そこで、イエスは言われた。「行って、あなたも同じようにしなさい。」

傍線部①は、神への愛について語る旧約聖書の申命記6・5と、隣人愛について語るレビ記19・18が、一つにまとめられたものである。傍線部②の祭司とレビ人（神殿での祭司の補助者）は、自分たちを「律法を守る人」の模範として自負していた人々である。しかし、そんな彼らは、追いはぎに襲われた半死半生の人を見ながらも、見て見ぬ振りをして立ち去ってしまう。

その後に現れたのが、傍線部③のサマリア人である。サマリア人は、当時、ユダヤ人とは敵対関係にあった。そのようなサマリア人が、その半死半生の人を「見て、憐れに思い、近寄って」手厚く看病したのである。この「見て、憐れに思い、近寄った」姿は、あの放蕩息子の父と重なる。

この聖書の箇所では、話が進むうちにテーマがシフトしている。つまり、「誰が自分の隣人であるか」といった問いかけが、いかに「自分が誰かの隣人となるか」といった問いかけに変わっているのである。

傍線部④の「憐れに思う」（スプランクニゾマイ）という言葉は、「ルカによる福音書」7・11―17を引用した際に述べたように、「はらわたが震える、よじれる、ちぎれる」といった意味を含んだ苦しみを表している。[7] いずれにしても、この物語におけるサマリア人とは、おそらく、神あるいはイエスのことではないか、と推察される。

傍線部⑤に記される治療方法は、当時の治療方法であるが、オリーブ油は、喜びや力を表すとも考えられている。また、傍線部⑥のデナリオンとは、ローマの銀貨であるが、一デナリオンは、当時の日雇い労働者の一日分の賃金にあたる。

憐れみと裁き

「わたしもあなたを罪に定めない」（ヨハ8・11）――これは、姦通の現場で捉えられた女に対するイエスの言葉。いったい誰が、人を罪に定めることができるのだろうか。「自分の望む善は行わず、望まない悪を行っている」（ロマ7・19）人間が、裁きの規範・基準となることができるのだろうか。人は、何を見て人を裁こうとするのだろうか。「人は目に映ることを見るが、主は心によって見る」（一サム16・7）。

人を裁くな。そうすれば、あなたがたも裁かれることがない。人を罪人だと決めるな。そうすれば、あなたがたも罪人だと決められることがない。赦しなさい。そうすれば、あなたがたも赦される。与えなさい。そうすれば、あなたがたにも与えられる。押し入れ、揺すり入れ、あふれるほどに量りをよくして、ふところに入れてもらえる。あなた

がたは自分の量る秤で量り返されるからである。（ルカ6・37―38）

隣人愛が神への愛につながるように、「小さい者」への関わりが、即、イエスへの関わりとなる。「わたしの兄弟であるこの最も小さい者の一人にしたのは、わたしにしてくれたことなのである」（マタ25・40）。このように、「小さい者」に対する態度・行為が、すべてを決める。自分が関わった人が「人の子」であるかどうか、そのことに気づくかどうか、それは問題ではない。その時、自らの中に「憐れみ」の心が動いたか否か、それこそが問われる。「小さい者」の「お世話をする」（ディアーコネオー）とは、身分関係に基づく奉仕としての「仕える」（ドゥーレオー）とは異なる。むしろそれは、人格的な相互関係に基づく奉仕にほかならない。「人の子は、仕えられるためではなく仕えるために来た」（マタ20・28参照）。神の憐れみによって、私たちは、人に仕える者となる。

皆が一つとなるように

一つとなるために

「憐れみ」あるいは「慈しみ」によって、私たちは、一つとなる。多様性の真の価値・重要性は、「多様性における一致」にある。つまり、ただ単に、個性の異なった一人ひとりが存在するということではなく、それぞれの善さが保たれながら、同時にまた、そこに一致があるということにこそ価値はある（フィリ2・1—2参照）。この一致によって、私たちは、初めて真に謙遜を学ぶことができる（一ペト3・8参照）。そもそも、神の愛は、憐れみを実行する者のうちにしか留まらないのである（一ヨハ3・17参照）。

キリストの心を心とする

「キリストに倣う」——これが、キリスト者の歩むべき道である。しかし、その道は、人それぞれであり、そこにこそ一人ひとりの召命がある。真のキリスト者となること、それは確かに容易なことではないだろう（マタ7・13、ルカ14・33参照）。しかし、イエスと労苦をともにするならその喜びにも与る、ということは事実である（二コリ7・4参照）。しかし同時にまた、自分の中に常に揺るぎない確信がある、というわけでもない。依然として、私たちは、弱く不確かな存在であり、たとえ誠実であろうとしても過ちを犯しうる人間である（ロマ7・19参照）。そのような人間に対して、神は、どのように関わってくれるのだろうか。パウロは、次のように述べる。

神はすべての人を不従順の状態に閉じ込められましたが、それは、すべての人を憐れむためだったのです。（ロマ11・32）

「あなたがたの天の父が完全であられるように、あなたがたも完全な者となりなさい」（マタ5・48）。これはいったい、どういう意味だろうか。神が完全であるように、私たち人間が完全な者となることができるのであろうか。ルカは、次のように表現する。「あなたがたの父が憐れみ深いように、あなたがたも憐れみ深い者となりなさい」（ルカ6・36）。憐みは、神の国に入るための根本条件である。それは、今回のテーマに端的に現れている。

憐れみ深い人々は、幸いである、その人たちは憐れみを受ける。（マタ5・7）

人間は、さまざまな徳を身に着けることによって、より良い人間となっていく。「憐れみ」もまた、そのような徳の一つである。それゆえ、私たちは、日々の生活の中で「憐れみ」を習慣として身に着けること、そのことを学ばなくてはならない。この学びこそ、私たちに求められる実践的学びである。「『わたしが求めるのは憐れみであって、いけにえではない』とはどういう意味か、行って学びなさい。わたしが来たのは、正しい人を招くためではなく、罪人を招くためである」（マタ9・13）。

罪人の招き

神の憐れみは、罪人の招きへと開かれている。それは、エゼキエルが、いみじくも次のように語るとおりである。

彼らに言いなさい。わたしは生きている、と主なる神は言われる。わたしは悪人が死ぬのを喜ばない。むしろ、悪人がその道から立ち帰って生きることを喜ぶ。立ち帰れ、立ち帰れ、お前たちの悪しき道から。イスラエルの家よ、どうしてお前たちは死んでよいだろうか。（エゼ33・11）

このように、神の憐れみは、私たちを回心に導くことへと向けられている。この憐れみの心が自身に欠けている時、人は、他の人を裁き、糾弾し、そして社会から排斥する。気づかぬうちに、自分が、何らかの規範・基準となって他の人を裁いている。

もし、「わたしが求めるのは憐れみであって、いけにえではない」という言葉の意味を

知っていれば、あなたたちは罪もない人たちをとがめなかったであろう。（マタ12・7）

憐れみと赦し

「憐れみ」と「赦し」は、緊密な関係にある。そのことを端的に表している物語の一つが、次に紹介する「仲間を赦さない家来」の物語である。

そのとき、ペトロがイエスのところに来て言った。「主よ、兄弟がわたしに対して罪を犯したなら、何回赦すべきでしょうか。七回までですか。」イエスは言われた。「あなたに言っておく。七回どころか七の七十倍までも赦しなさい。そこで、天の国は次のようにたとえられる。ある王が、家来たちに貸した金の決済をしようとした。決済し始めたところ、一万タラントン借金している家来が、王の前に連れて来られた。しかし、返済できなかったので、主君はこの家来に、自分も妻も子も、また持ち物も全部売って返済するように命じた。家来はひれ伏し、『どうか待ってください。きっと全部お返しします』としきりに願った。その家来の主君は憐れに思って、彼を赦し、その借金を帳消しにしてやった。ところが、この家来は外に出て、自分に百デナリオンの借金をしている仲間に出会うと、捕まえて首を絞め、『借金を返せ』と言った。仲間はひれ伏して、『どうか待ってくれ。返すから』としきりに頼んだ。しかし、承知せず、その仲間を引っぱって行き、借金を返すまでと牢に入れた。仲間たちは、事の次第を見て非常に心を痛め、主君の前に出て事件を残らず告げた。そこで、主君はその家来を呼びつけて言った。『不届きな家来だ。お前が頼んだから、借金を全部帳消しにしてやったのだ。わたしがお前を憐れんでやったように、お前も自分の仲間を憐れんでやるべきではなかったか。』そして、主君は怒って、借金をすっかり返済するまでと、家来を牢役人に引き渡した。あなたがたの一人一人が、心から兄弟を赦さないなら、わたしの天の父もあなたがたに同じようになさるであろう」。（マタ18・21―35）

主人から、一万タラントンの借金を帳消しにされた家来がいた。しかし、彼は、その六〇万分の一に過ぎない仲間の借金を赦さず、牢獄に引き渡してしまう。百デナリオンは、一〇〇日分の賃金に相当するが、実にそれは、一万タラントンの六〇万分の一である。一万タラントンとは、当時の労働者の六千万日分の賃金に相当する。実に一六万年あまりの長さである（もはや生きていない）。そう言われても、ピンとこないだろうが、いずれにしても、一生かかっても決して返済できる金額ではない。しかし、この物語の王は、決して返せるはずがないことを承知で、家来を赦した。なぜなら、彼は、この家来を憐れに思ったからであり、決して我慢したからではないのである。

この物語には、「仲間」という言葉が四回繰り返される。それは、「シュンドゥーロス」という言葉であるが、「シュン」（一緒）と「ドゥーロス」（奴隷・僕）という言葉から成っている。それゆえ、その意味は、「（同じ主人に仕える）同僚の僕・奴隷仲間」となる。つまり、人間は、同じ神に仕える仲間と考えられる。それはまた、同じ神によって罪を赦された僕であり仲間なのである。

ユダヤ教の教えでは、兄弟を赦す回数は三回までであった。七は完全数。それゆえ、七回赦すとは、ある意味で、限りなく赦すということになるだろう。しかし、イエスは、さらに七の七〇倍までも赦せと言う。底なしの無条件の赦しである。真の赦しは、単なる我慢とは違う。もしそうならば、それには限界があるだろう。イエスの求める赦しは、そのような我慢とは違う。イエスが問題としているのは、赦しの回数ではなく、むしろ赦しに限界を定めようとする、その狭量な赦さない心である。

憐れみは、赦しにおいて現れる。また真の損害は、物質的あるいは金銭的なそれではなく、同じ主人に仕える兄弟でありながら、その関係が断ち切られることにこそある。神の深い憐れみによって赦されたことを真に理解できる者、その者だけが、心から他人を赦すことができる。

イエスは、神の慈しみの体現そのものにほかならない。それゆえ、彼において現れる慈しみによってこそ、私たちは、父が誰であるか、またその父の子は誰であるかがわかる。それは、教皇フランシスコが、次のように語るとおりである。「イエスは、慈しみは御父の業であるだけでなく、御父のまことの子を見分けるための基準にもなると断言しています。……。イエスは憐れみを、人生の理想として、また私たちの信仰の確かさを見る基準としていますす」(8)。また、赦しは、「新しいいのちによみがえらせる力であり、希望をもって未来を見つめる勇気を与えるもの(9)」でもある。

互いに親切にし、憐れみの心で接し、神がキリストによってあなたがたを赦してくださったように、赦し合いなさい。(エフェ4・32)

憐れみと教会

教会はまた、神の慈しみの体現であるし、またそうでなければならないだろう。教皇フランシスコは、次のように語る。

教会には、神の慈しみを告げ知らせる使命があります。慈しみは福音の脈打つ心臓であって、教会がすべての人の心と知性に届けなければならないものです。キリストの花嫁は、例外なくすべての人のもとに向かう神の御子の態度を自分のものとします。教会が新しい福音宣教に取り組む現代において、慈しみというテーマは、新しい熱意と、刷新された司牧活動によって繰り返し伝えられる必要があります。教会にとって、またその使信の信憑性にとっても、教会自身が慈しみを生き、それを一人称であかしすることは決定的なことです。教会のことばと行いは、慈しみを伝えるものでなければなりません。それによって、人々の心を貫き、彼らが御父のもとに帰る道を再び見いだせるようにするためです[10]。

教皇フランシスコは、また、「正義」と「慈しみ」は、一つの現実の二つの側面であると語る[11]。ただそこには、一つの危険性がある。すなわち、正義の追求が、律法主義に陥ってしまうことである。それを避けるためにも、正義は、神の意思に信頼しそれに委ねることにある、ということを思い起こさなければならない。事実、イエスは、律法の遵守よりも信仰の大切さを説いた（マタ9・13参照）。もちろん、イエスは、律法の重要性を否定したわけではない。むしろ、彼は、それを成就するためにこの世に来た（マタ5・17参照）。

そのことは、パウロもまた、次のように述べている。

人は律法の実行ではなく、ただイエス・キリストへの信仰によって義とされると知って、わたしたちもキリスト・イエスを信じました。これは、律法の実行ではなく、キリストへの信仰によって義としていただくためでした。なぜなら、律法の実行によっては、だれ一人として義とされないからです。（ガラ2・16）

神の義は、神の赦しにおいて現れる（詩51・11—16参照）。ホセアは、そのことを次のように語る。

わたしは激しく心を動かされ／憐れみに胸を焼かれる。
わたしは、もはや怒りに燃えることなく／エフライムを再び滅ぼすことはしない。
わたしは神であり、人間ではない。お前たちのうちにあって聖なる者。
怒りをもって臨みはしない。（ホセ11・8—9）

「神にとっては、慈しみを抑えるよりも怒りをこらえる方がもっとやさしい」——そう語ったのは、恵みの博士と呼ばれるアウグスティヌスである。

おわりに

マザー・テレサは、生前、出会う人にメモを渡していたと言う。そのメモには、次のように記されていた。

沈黙の実りは祈り、祈りの実りは信仰、信仰の実りは愛、愛の実りは奉仕、奉仕の実りは平和。

真の平和は、沈黙から始まる——彼女の言葉は、そのことを素朴に語っている。この沈黙とは、何も喋らないということではない。むしろ、それは、もっと積極的なものであり、自分に語りかける神の言葉を静かに聴く、ということにほかならない。神の憐れみは、このように、祈りをとおして、私たちの心の奥深くに染み入ってくるのである。そのことに気づかされるとき、私たちは、真に人を受け容れることが可能となり、赦しによる慰めと安らかさを学ぶことができるだろう。それがまた、憐れみの形でもある。

注

（1）ヘブライ語では、「レヘム」（憐れみ）は、常に「ラハミーム」という複数形が使われるという。「レヘム」は「母胎」を意味するが、それは、母性愛を司る器官として考えられ、その複数形の「ラハミーム」によって、より広い意味での「憐れみ」を表すようになった、と考えられている。この「憐れみ」（ラハミーム）は、ギリシャ語では「エレオス」（*éleos*）と翻訳される。「慈しみ」（へセド）は、「ラハミーム」とほぼ同義語であるが、やはり「エレオス」へと受け継がれる。このように、「憐れみ」と「慈しみ」は、ほぼ同一の意味内容をもっているものとして理解してもいいかもしれない。ちなみに、ラテン語の *misericordia*（憐れみ）は、*miseria*（苦難、悲惨）＋*cor*（心）によってなる。

（2）聖書の引用にあたっては、日本聖書協会編『新共同訳聖書』（一九九五年版）を使用。

（3）教皇フランシスコ『イエス・キリスト、父のいつくしみのみ顔――いつくしみの特別聖年公布の大勅書』（カトリック中央協議会、二〇一五年）、15。マタ25・31―45参照。

（4）同書、2。

（5）同書、9。

（6）「スプランクニゾマイ」は、新約聖書において、一二回現れる。そのうち、主語がイエスの場合が九回（マタ9・36、14・14、15・32、18・27、20・34、マコ1・41、6・34、8・2、9・22）、その他は、たとえ話の中で語られる（ルカ7・13、10・33〔善きサマリア人〕、15・20〔放蕩息子の父〕）が、その主語は、おそらく神であろうと推測される。
（7）注6参照。
（8）『イエス・キリスト、父のいつくしみのみ顔』、9。
（9）同書、10。
（10）同書、12。
（11）同書、20。

心の清い人々は神を見る
——心の清さに至るためのイグナチオの霊の識別再考——

心の清い人々は幸いである。その人たちは神を見る。（マタ5・8）

柳田　敏洋

はじめに

真福八端の第六番目です。ここでは、心の清い人々は神を見るから幸いであると教えられています。それ以外の第一番目から第八番目までと比べてみると、こちらのほうは神が与えてくださるもの、天の国（第一、第八）、慰め（第二）、地（第三）、満たされること（第四）、憐れみ（第五）、神の子と呼ばれること（第七）によって幸いであるのに対して、第六番目は

「神を見る」という神との直接的な関わりが幸いであると教えられています。

幸せとは愛そのものである神に出会い、交わる中にあるということでしょう。その神と出会うためには心の清さが求められるということです。そして、その心の清さは、逆にそれ以外の「心の貧しさ」、「悲しみ」、「柔和」、「義への渇き」、「憐れみ深さ」、「平和の実現」、「義のために受ける迫害」によってたどり着ける、あるいは磨かれるものと理解することができます。

そしてこれらすべては「わたしがあなたがたを愛したように、互いに愛し合いなさい」（ヨハ15・12）に収斂すると思われます。「神は愛（アガペ）です」（一ヨハ4・16）とあるように神は無償・無条件の愛そのものであり、心を清くするとはこの神のアガペの愛に触れ、この愛に応えて同じ愛を望み生きようとする中で現れてくるものでしょう。それはアガペを生きたイエスを見つめることであり、その愛は究極において「友のために自分の命を捨てること、これ以上に大きな愛はない」（ヨハ5・13）を自ら証したイエスに倣って、人々と世界の必要に応えて自分の命すらも惜しみなく差し出す愛にまで至ります。ここに本当の幸せがあるとイエスは教えています。世が求め、世が与える幸せと、イエスが示す幸せは異なります。

物質主義・消費主義が渦巻くグローバル社会の中にあって、地球環境は危機に瀕しています。私たちはもっと次元を異にする幸せを求めるよう方向転換を迫られています。

そのような方向転換を、時代を超えて私たちに示してくれたのがイエズス会の創立者ロヨラの聖イグナチオ（一四九一―一五五六）です。イグナチオは三〇歳頃まではスペイン・バスクの地方貴族の末子として宮廷で騎士として名をあげるために武芸に励み、賭け事や女性にうつつをぬかすなどこの世にどっぷりと浸かっていたのですが、フランス軍とスペイン軍とのパンプローナの戦いで飛んできた砲弾に足を砕かれて故郷のロヨラ城に運ばれます。その療養中に退屈しのぎに読み始めた『キリスト伝』や『聖人伝』に心を次第に惹かれ、やがて地上の王ではなく永遠の王であるキリストに仕えアッシジの聖フランシスコや聖ドミニコようになりたいと心底から望み回心に至ります。

この回心は、巡礼者となったイグナチオがマンレサで祈りと苦行に励む中で体験した神秘体験によって深まり、キリストによる救いを体験したイグナチオは自分の霊的体験をまとめ『霊操』という祈りの指南書を著します。ここにはこの世的な幸せから真の幸せへと方向転換をはかるための優れた祈りの道が示されています。

私も六年間のサラリーマン生活の中でこの世にどっぷりと浸かりながら、真実な人生を生きたいとの望みを心の奥に見出し、会社を辞めてイエズス会に入会しました。修練期に体験した三〇日間の霊操は祈りを通してキリストに出会うという非常に深い体験を与えてくれました。やがて養成課程を経て霊操指導の道をイエズス会で歩むようになりました。

その中でイグナチオの霊操に示されている「霊の識別の規定」は心を清めていくための具体的な指針として有効で助けとなっていました。しかし、さまざまな複雑な要素が絡む現実の中で指針が簡単には適用できないことも体験しました。やがて東洋の霊性への関心も持つようになり、二〇〇七年にインドでヴィパッサナー瞑想を体験し、これがイグナチオの霊の識別の規定に、より複雑な現実にも適用できる視点を与えてくれるものと気づきました。現代における心の清めをこの観点から話していきたいと思います。

またここでは「神を見る」ということを「神と響き合う」に置き換えたいと思います。なぜなら絶対的超越者である神を直接に見ることはできないからで、心の清さは神の思いと波長が合った状態と言え、神と響き合うことを「神を見る」ことと言い換えてよいと思うからです。

霊的慰めと霊的荒みの見分けの難しさ

神と響く清い心に至るために、霊操に示される霊的慰めと霊的荒みを見分け、善霊からの霊動を受け入れ、悪霊からの霊動を退けることは大切なことであり、それを通して神以外の何ものにも捉われない不偏心を育むことは非常に大切です。ただこれはそう簡単ではありません。

ヴィパッサナー瞑想をキリスト教の観点から「キリスト教的ヴィパッサナー瞑想」として取り組むようになる中で、徐々に霊操に示された霊的慰めと霊的荒みについて、これまでとは違った観点から見ることが大切ではないかと気づくようになりました。それは、簡単に言うならば霊的慰めや霊的荒みの区別にとらわれるよりも、それらを静かに、あるがままにアガペの心で見つめることが大切ではないかということなのです。そして、これは心の清さに直接つながってきます。

私が米国のデトロイトでイエズス会の最終誓願に向けたトレーニングとして第三修練を行っていたとき、ヨーロッパや米国、カナダから参加していた第三修練者の間で、「霊的慰め」と「霊的荒み」の区別はそう簡単ではないということが話題になりました。

霊的慰め（「霊操」316）の典型について、この世のあらゆるものをそれ自体においてではなくただ神からのみ愛することができるようになること、主への愛に動かされた涙（自分の罪であれ、主への奉仕と賛美に向かう中での痛みであれ）、そして信仰、希望、愛が増すことときます。

イグナチオは述べています。これらから霊的慰めとは魂が神へと向かう動きということができます。

一方、霊的荒みについては、それとは正反対のもののことを言います。魂が神から引き離され、遠ざかり、閉ざされた状態に陥ることと言っています。それは、魂の暗闇や混乱、この世的なものへのとらわれ、落ち着きのなさ、誘惑、不信心、希望や愛もなく、怠惰や生ぬるさ、悲しみに陥ることなどをイグナチオはあげています。要するに、神へと向かう心の動きを霊的慰め、反対に神から遠ざかる心の動きを霊的荒みということができます。

このような説明は、説明として助けになりますが、現実の状況ではなかなか見分けは簡単ではありません。例えば、修道会から派遣された使徒職で課題に取り組んでいるとき、それを簡単にはこなすことができず、期日が迫る中でプレッシャーを感じ、心に大きな緊張や不安を抱えているときのような場合です。それは確かに神への奉仕としての使徒職であり、それを果たすための努力をしているにもかかわらず、そのような理解があっても心に緊張や不安、プレッシャーを感じているとき、これは神へと向かう道の途上としての苦しみであるのか、それとも神へと向かう名のもとに自分自身をつぶそうとする勢力の働きに飲み込まれようとしているのか簡単にはわからないことが多いのです。またそれを無理に霊的慰めか霊的荒みかのどちらかに区別することも何か違和感を感じる場合があります。

私たちの場合、葛藤の多くは霊操の第一週におけるものであるよりは、キリストに従う道に人生の道があると信じ、弟子として生きる道を選んでからの歩みの中で生じる場合が多いのです。イグナチオも霊操の第二週の霊の識別の規定で、悪霊は善霊のふりをすることをその特徴として挙げています。

つまり、そんなにすっきりとは霊的慰めと霊的荒みに分けることができないのが現実です。緊張や不安、プレッシャーを感じながらもひるまずに覚悟を決めて、しっかりと取り組んでいく中で、何とか見通しがつくようになり、これまでの緊張や不安、プレッシャーに押しつぶされなくてよかったと思える時もあれば、逆に張り切りすぎて心身を疲弊させ結局行き詰まり、うまくいかなかった場合、深い挫折感に襲われて苦しむこともあります。ことはそう簡単ではありません。

また霊的慰めと荒みを見分ける際の問題は、誰が見分けているのかという問題です。というのは自己中心的なエゴがその時の心の状態を見分けている可能性もあります。そうなるとまさに見分けようとするときにすでに問題が生じていることになります。

先ほどの例で言うならば、神への奉仕と考えながらも、周りにできる自分を見せようとして懸命に頑張っている場合、動機の中心がずれてしまうことになります。そのような時には、かえってプレッシャーから挫折するほうが本人の目覚めのために助けになるのかもしれません。

つまり、霊的慰めと霊的荒みと言っても誰が見分けるのかということが明確でないと、本当の見分けとはならないことになります。このような問題が付きまとうのです。誰がどこから心の動きを見つめようとするのかの視点が「霊の識別の規定」では十分に主題にされてこなかったと思います。

見分けの問題解決のためのキリスト教的ヴィパッサナー瞑想の活用

霊的慰めや霊的荒みは単なる心理的な心の動きと同じではなく、魂に関わるもので一層内的な世界に関わるものです。それが最終的に、霊魂が創造主へと引き寄せられる場合が霊的慰め（「霊操」316）、霊魂が創造主から引き離され遠ざかる場合は霊的荒み（「霊操」317）ということになります。これは理論的説明であり、実際にどう適用すればよいのかに難しさがあります。

この点を私も悩んでいたのですが、一〇日間のヴィパッサナー瞑想を体験し、長く座る中で生じた足の痛みを静かに見つめる取り組みをしている中で、足に相当な痛みがあるにも関わらず巻き込まれない穏やかな心でその痛みを感覚現象として見つめている自分の意識に気づき、意識の自由度の大きさに驚かされました。この体験から、足の痛みというネガティブな感覚を評価せずにあるがままに受けとめるという方法の大切さに気づくようになりました。

通常ならば耐えがたい痛みに対して当然それをネガティブなものとして受けとめながら、痛みを取り除くために足を組み替えるとか、あるいは逆に、動いてはならない瞑想をしているのだからそれを修行として受けとめ我慢し続けるかどちらかです。ネガティブなものに対してその解決を図るのか、それともそれを正面から例えば自分の十字架として引き受けるかです。

ヴィパッサナー瞑想の場合はこの二方向とは異なる次元から取り組みます。ネガティブなものである痛みを感覚の現象として静かに見続ける、観察し続けるという方法です。これは私にはまったく新しい扉が開かれたように感じました。そしてそれは最終的に、それがネガティブなものであろうとポジティブなものであろうと、それにかかわらずにただ感覚の現象、心の現象、思考の現象として見つめるだけなのです。そしてその見つめ方は一切価値判断を持ち込まないで現象を現象としてあるがままに受けとめるという仕方です。これはイエスの示したアガペの愛、すなわち無償・無条件の存在肯定と同じであると気づきました。

このような無償・無条件の存在肯定という気づきにはエゴは一切入ってきません。なぜならばエゴは自己中心性から、それが自分にとって損なのか得なのか、好ましいのか好ましくないのかなど利害判断を本質的に持ち込みますが、この気づきにはそれがないからです。また瞑想体験の深まりによって「見ている私」という「私」の意識が消えていき、そこにあるのはただ感覚現象と気づき（目覚め）だけという世界に至ります。このような点から価値判断を持ち込まない徹底した気づきは意識の根底におけるアガペの気づきということができます。これは内在する神と響き合った状態です。これはアガペの神と響き合った気づきです。このような気づきは、ダイレクトに神に向かう意識の気づきと言えます。霊操が目指すところに直接に向かっていくのがヴィパッサナー瞑想だと気づくようになりました。そしてこの気づき方の大きな利点は、それが霊的慰めか霊的荒みかを区別する必要がなく、善霊からの働きかけか、悪霊からの働きかけかを悩む必要がないということです。

もちろんそれなりの気づきの修行が必要となりますが、どのような霊的荒みに陥っても、その状態をあるがままに見つめることができるとき、その意識は霊的荒みから離れており、神と響くアガペの場からの意識となります。すると常に俯瞰図のように自分の心の状態を見つめることができるようになり、そのような気づきを霊的修行によって育むことで神と響き合う感覚を持つことができるようになります。

エゴにどう向き合うか

使徒職を果たそうとする際に問題となってくるのはそれを果たそうとする私に生じるエゴ

の問題です。パウロが愛の賛歌で言っているように「全財産を貧しい人々のために使い尽くそうとも、誇ろうとしてわが身を死に引き渡そうとも、愛がなければわたしには何の益もない」（一コリ13・3）のです。つまり、どのように素晴らしい使徒職を行っているように見えても、そこにエゴが入り込んでくるなら、結局それは「神への賛美と奉仕」という使徒職の目的から自己満足のため、自分のプライドのためとなり、本来目指すところから逸れてしまうのです。もちろん全面的に本来の目的がエゴの自己満足やプライドに置き換わってしまうことはないとしても、巧妙な形で入り込んでくるのが現実であり、あらゆる使徒職において大なり小なりエゴが入ってくることは避けることができません。

そうなると真面目な人であればあるほど、そのエゴを気にしてそれを取り除こうとします。「あ、また、どんなもんだいと自分を誇る気持ちが出ている」と気づき、その気持ちを抑えつけようとしたり、取り除こうとします。しかし仮にそれがうまくいったとしても、気をつけないと、そのようにエゴを抑えつけ取り除くことができる自分を誇る気持ちがまた現れないともかぎりません。そうなると堂々巡りになってしまい、いつまでもエゴとの格闘が続くことになります。あるいはエゴとの闘いに疲れ果ててしまい、「どうせ私の場合はこんなものだろう」とあきらめ、エゴが顔を出す生き方を受け入れてしまうのです。

しかし、根源意識からの気づきはそれを超えることができるのです。どのようにエゴが出ようともそのエゴにただ気づくだけで大丈夫なのです。「どんなもんだいこの俺は」というエゴが出ても、「今、『どんなもんだいこの俺は』と思った」と気づくだけです。そしてそれについて一切価値判断をしないようにします。そうすると直ちにエゴから離れることができます。

どのようなエゴが出たとしても、ただ同様に気づくだけです。「どんなエゴが出ても気づける俺だ」との思い上がりが出ても、「今、『どんなエゴが出ても気づける俺だ』と思った」と気づくだけです。このように、ヴィパッサナー瞑想は原理的にエゴを生み出すことのない瞑想です。

そこで大切に理解すべきは、私たちは生身の人間としてエゴを消すことができないということです。エゴは根深いのです。けれども、その都度気づくことで離れることができ、やがてエゴと恐れなく付き合うことができるようになります。こうした気づきの修行を続けていく中で徐々にエゴも根源意識と調和するようになっていきます。なぜなら私たちの本来性はアガペの神の似姿として「アガペの人」であるところにあり、迷いの中でエゴという自己中心性が現れてきたにすぎないからです。このように気づきを丁寧に積み重ねていくことで無理なく魂の整えができるようになります。

そうして、エゴから本当の意味で自由となり、使徒職をより相応しく果たしていくことができるようになります。もちろんそこで取り組む使徒職が神の望みに適ったものかどうかをその都度識別していく必要がありますが、エゴに捉われない心から、現代世界に求められる正義や人権擁護、経済格差の是正、地球環境の保護と維持、教会の指針、教皇をはじめとする教導職の教えを適用させながら丁寧に識別し、それを実践し、途中経過を確認しながら相応しく使徒職を進めていくことが可能となります。

トマス・アクィナスの存在論を手掛かりにする

「心の清い人は神を見る」をキリスト教的ヴィパッサナー瞑想の視点から、イグナチオの霊の識別を手掛かりに見ていく際に助けとなるのがトマス・アクィナスの存在論です。トマスは神について「神は自存する存在そのものである」"Deus est ipsum esse per se subsistens."（『神学大全』第Ｉ部第４問第２項）と述べています。その中心は神とはエッセ（esse）すなわち「存在そのもの」であるということです。私たち、この世に存在するあらゆるものはエンス（ens）「存在するもの」です。人間や動植物、建物、山や川、月や星々、物質を構成する元素や素粒子などあらゆるものはエンスです。このエンスは存在そのものであるエッセによって在らしめられています。このように、この世に存在するもの（エンス）

と神（エッセ）は根本的に次元を異にするものです。

このエンスの世界に存在する私たち人間とは何者でしょう。これは根本的な問いですが、創世記に従うならば私たち人間は「神の似姿」（1・26）として造られました。この「神の似姿」をどう理解するかは簡単ではありませんが、神がエッセ（存在そのもの）であるならば、人間はそのエッセの似姿性を何らかのあり方で持っており、それを人間の持つ精神性の本質と理解することができます。つまり、人間はその精神においてエッセに開かれているということです。ここに他の被造物とは異なる人間の独自性が現れてきます。

すなわち、「人間はエンスであるにもかかわらずエッセに開かれている」ということです。ところで、エンスである生身の私はこの世を生きていくためにどうしても自己中心性であるエゴで生きざるを得ないところがあります。あらゆるものを自分の利害損得からとらえてしまう傾向性です。キリスト者であってもこの傾向から免れることはできません。そうしてエゴはエンスであるこの世において自己実現を図り幸せを追い求めますが、その成れの果てが現在の物質主義と消費主義です。真の幸せはそこにありません。

人間の本来性はこのエゴにあるのではなくエッセに開かれたところにあるのです。エッセに開かれた自己を「本来の自己」と呼びます。エッセなる神はあらゆるものを在らしめる存在の無条件の肯定としてアガペそのものです。そうして、エッセに開かれた「本来の自己」

はアガペの似姿としてそこにおいてアガペが生きられる場です。「本来の自己」はエッセに開かれているゆえに、エンスに現れたあらゆるエゴの心の動きに気づくことができます。この気づきの場が根源意識です。キリスト教的ヴィパッサナー瞑想はこの根源意識からエンスにおけるあらゆる感覚、感情、思考をあるがままに価値判断なく気づくことを行っていきますが、それはエッセに開かれた「本来の自己」からアガペの心で気づくことです。

霊的慰めと霊的荒みを見分けていこうとするとき、それは誰でもある程度できるのですが、多くの場合エンスの次元でこの世的な平面からの見分けとなります。そうするとそこにエゴが入り易く心理的な次元での見分けと入り混じってしまいます。この点が霊的慰めと霊的荒みの区別を難しくしていました。それに対して真の見分けの場はエッセに開かれたところからです。エッセの開けの場は言わばエンスの平面次元に対して垂直に超越した次元でありエンスを超えるエッセの神と響き合う場です。ここに開かれるためには自覚的な気づきが必要で、それが一切価値判断を持ち込まない無条件の存在肯定という意識からの気づきです。この点が、誰がどこから心の動きを見つめようとするのかの視点が「霊の識別の規定」では十分に主題にされてこなかったところです。

誰がどこから見分け気づくのかを相応しく理解してこそ、イグナチオの霊の識別を現実に役立てていくことができます。

イグナチオの霊の識別の規定への適用

ではこれを具体的に霊操の霊の識別の規定にあてはめていきましょう。

霊操第一週の霊の識別の規定

第1則（「霊操」314）「人が大罪から大罪へと罪を重ねている場合、悪霊は快感を覚えさせてそそのかし、逆に善霊は良心の呵責を覚えさせる」

キリスト教を信じて生きていこうとする人は基本的に大罪から大罪へという方向はあまりないでしょうが、良心の呵責ということから自分の相応しくない行為を裁き、自分を責めるということが問題になる場合があります。これが過度になると内的ストレスを生み、そのストレス解消のために相応しくないストレス解消行動をしてしまうということがあります。そういう時には「相応しくない行為をしている」と気づき、「今、自分を責める心が生じた」と気づくだけにとどめることで、自分を責めるエゴを出さずにアガペに響く心に戻すことができます。

第2則（「霊操」315）「罪を浄め、神への奉仕に生きようとしている人に、悪霊は根拠のない理屈で人をさいなみ、悲しませ妨害しようとする。逆に善霊はその人を励まし、慰めや安らぎを与え妨害を取り除く」

キリスト教を信じる私たちの多くは、自分を見つめ、神への奉仕に生きたいと望みながら、イエスの教える隣人愛を実践しようとしています。そのような私たちであっても日々さまざまな心を体験します。隣人愛を生きようとする中で、励ましを感じたり、逆に自分は自己満足のために隣人愛を生きているのではないかと疑ったりするなどです。そのような時に、その励ましが善霊からのものか、あるいは疑いが悪霊からのものかなど考えすぎるよりは、「今、励ましを感じている」と気づき、「今、疑う心が生じた」と気づくだけにとどめることが助けになります。価値判断を持ち込まない気づきは、存在の無条件の肯定としてすでにアガペの心に響いているからです。

第3則（「霊操」316）「霊的慰めについて」と第4則（「霊操」317）「霊的荒みについて」

これはすでに述べた通りで、霊的慰めは神へと向かう（引き寄せられる）心の動き、霊的荒みは神から遠ざかる（引き離される）心の動きです。説明はその通りですが、これを実際に見分けることは簡単ではなく、どちらともいえない場合があるので、むしろアガペに響く根源意識から静かに心の状態をあるがままに気づくことが助けとなります。

第5則（「霊操」318）「荒みの時は絶対にことを変更してはならない」

霊的荒みと思われるような心の状態（困惑、混乱、不信、物憂さ、暗闇）にあると気づくと き、その気づきは荒みの状態と一つではなく、すでに荒みから離れています。荒みと思われ る心の状態が続いていても、気づいている意識（根源意識）は離れているのです。つまり、 気づくことで霊的荒みの状態を相対化することができるということです。そこからアガペの 神と響く心の平和と自由から、行動を選び取るようにします。

第6則（「霊操」319）「荒みにひたすら抵抗すること」

この抵抗することとして、祈り、黙想に精進し、究明を入念にすることなどの方法が挙げ られていますが、何か自力的にこれを行うと、エゴの力任せになりかねません。そうではな く真に抵抗するとは、アガペの心に響いて静かに「荒み」に気づくことです。そうするとき に、より深い自由に留まることが無理なくできるようになります。

第7則（「霊操」320）「荒みの時でも生来の能力が残っている」

これをイグナチオは「永遠の救いのための充足的恩恵」と言っていますが、まさにこれが「気づきの力」ということです。より深く、あるがままに荒みの状態にあることに気づくことができるとき、その気づきは自力を超えた神からの恵みに対する協働（シュネルゲイア）なのです。

第8則（「霊操」321）「荒みの中では忍耐を持ち、やがて慰めを受けると考える」
荒みに気づく根源意識は神のアガペと響き合っており、このアガペはこの世の現実、生と死、喜び、悲しみ、苦楽を越えて、それらを支える存在肯定そのものです。このアガペには常に奪われることのない希望があり、これが真の慰めです。

第9則（「霊操」322）「荒みの生じる理由。①霊的務めに対する怠惰、②慰めなしにどこまで奉仕できるかの神からの試練、③本当の理解を示すため」
一番重要なのは③「本当の理由を示すため」です。すべてのよきものは神からの賜物であり、私たちが自分の努力によって勝ち得たものではないことを悟らせるためです。これについても本当の恵み（賜物）は「気づける」という自由が与えられていることです。荒みに左右されずに荒みにあるがままに気づけるというのは、神から与えられている恵みそのものです。

第10則（「霊操」323）「慰めの中にあるときは荒みのための力を蓄える」

第11則（「霊操」324）「慰めの中にあるときは自らを謙虚にする」

これら霊的慰めにある状態でのアドバイスは、第9則に対応したもので、慰めは恵みとしての神からの賜物であり、本来自らは無力であることに気づき、謙遜を心がけるとともに、気づきの力を増すことこそが、謙遜を誇る誘惑をも超える真の謙遜であることを知ります。根源意識における気づきこそが本来の自己であり、その自己は気づきそのものとして無なのです。「神の愛に満ちた無」が本来の自己であると悟ることです。

第12則（「霊操」325）「敵の力におじけづかずに勇気をもって立ち向かう」

やっかいな相手や難しい事柄に対するとき、こちらは弱気になりがちです。そのようなとき、怖気づいて相手や問題を誇大視しがちとなり、そうなるとこちらがますますひるむことになります。そのようなときにはかえってしっかりと勇気をもって立ち向かうということなのですが、これもやっかいな相手や難しい問題をあるがままに静かに見つめるということです。またそのような相手や問題に対して怖気づいている自分の心に「今、怖気づいている自分がいる」とあるがままに気づくようにします。アガペの心そのものでどのような現実にも向き合い、取り組んでいくということです。

第13則（「霊操」326）「問題を内密にするようにという誘惑への対処――相応しい人物にはっきりと打ち明け相談する」

これはあるがままに気づくとともに、すべてを自分だけで解決したり、自分だけで見通せるわけではないことをわきまえ、信頼できる人に打ち明けることの大切さを示しています。問題を自分だけに伏せておくというのはエゴを生む温床になりかねません。これはとても大事なポイントです。

第14則（「霊操」327）「敵はこちらの一番弱いところを攻めてくる」

自分自身を静かに見つめ、自分の一番弱いところ、傾向、性格、とらわれ（執着）に気づくようにします。これも自分を裁かずにアガペの心で気づくことが大切です。

霊操第二週の霊の識別の規定について

イグナチオが示す霊操の第二週の霊の識別の規定の大きな特徴は悪霊が善霊のふりをするということです。ですからキリストに従って歩もうとする人は見分けるのが簡単ではない微妙な誘惑にさらされることになります。これは使徒職に携わっている者たちが陥りやすい問題です。これについては第一週の霊の識別の規定で説明したように根源意識（アガペの意識）からの気づきが助けとなります。これを説明していきます。

第1則（「霊操」329）「神と天使による霊動は真の喜びと霊的歓喜を与え、敵はもっともらしい理由や欺瞞を使って霊的慰めを妨げる」

例えば、自分の使徒職をうまくこなせているときや大きな職務を果たし終えたときなどは心に充実や満足感を覚えますが、そのような充実や満足を覚えることに自己満足の気配を感じるような場合です。このようなときに素直に喜んでよいのだろうか、それともエゴが入り込んでいると思った方がよいのだろうか。このような疑問が生じた場合、なかなかどちらがどちらとも見分けのつかないことが多く、どちらかに見分ける必要があるのかということもあります。

このような場合も、根源意識からただ気づくようにするのです。グレイゾーンの心の状態が生じてもただそのような心が生じたと気づくだけでよいのです。素直に喜ぶ心があり、それを自己満足と思う心もあるとただ気づくだけです。このように気づくことで「喜ぶ心」からも「自己満足と思う心」からも離脱することができます。大切なのはその心の状態と一つになってしまうのではなく、常に気づくことで離脱していくことです。これが不偏心を生きるということです。そしてこのような離脱した気づきこそが真の喜びであり霊的歓喜なのです。

第2則（「霊操」330）「原因なしの慰めは神からのもの」

原因のあるなしもわかりにくいものです。「原因なしに」とは「霊魂が知性と意志の働きによって、慰めを生む何かを前もって感じ、知ることがなかった」とイグナチオは述べていますが、それがどのようなことなのか十分に理解することはできません。何らのきっかけもなしにと言っても細かく言い出すと、かすかであっても何か思い当たる理由が出て来るかもしれず、そうなると原因のある慰めとなりこの規則から外れますが、時にそのような細かな詮索も行き過ぎではないかと感じたりします。

そこでこのような場合もただ気づくだけです。神からのものであるかどうかということに振り回されるよりもただ原因なしの慰めであるように感じられる慰めがあると気づくだけで構わないのです。というのは気づきこそがより根本的で大切だからです。なぜなら根源意識での気づきは神のアガペと響いているので、神と響き合った気づきとして真正なものだからです。

第3則（「霊操」331）「原因のある慰めの場合、善天使は霊魂の利益のため、悪天使は霊魂を邪念に引き寄せるためである」

これは原因のある慰めの場合の説明で、そのとおりですが、それをどこで見分けるかがポイントです。それを以下に続く規則の中でイグナチオは示します。

第4則（「霊操」332）「善天使を装う悪天使は正しく聖なる考えから始め、やがて自らの邪念に引き寄せる」

これは神と人々への奉仕として純粋な動機から始めたものであっても、次第に気づかない間に自己中心的なエゴの思いが入ってくるような場合であり、次の第5則と関係します。

第5則（「霊操」333）「考えの経路に注意し、最初よくても、次第に横道にそれたりそれほど良くない考えに陥ったり、霊魂が不安や混乱をきたすならこれは悪霊からである」

これについても根源意識から絶えず気づくようにしていると、できるだけ早く、本来進むべき道から逸れはじめたときに気づくことができます。これは絶えざる究明の実践と言えます。

私たちにとって気をつけないといけない点の一つは、使徒職における人間関係です。私たちの中のエゴは、例えばチームで働いている場合、その一人ひとりをこの人はこういう人だと決めつける傾向があります。その決めつけから人を判断するようになると、行動の根幹がどの人をも無条件に愛される神の場から離れ、その使徒職がたとえ表面的にはうまくいっていても内部は神から逸れることになります。心の動きを絶えずアガペの心で気づくようにしているとずっと早く軌道修正することができます。

第6則（「霊操」334）「悪霊に誘われてしまったなら、その良くない結果から経路を見てどこで逸れはじめたかを学び、同じ過ちを繰り返さないようにする」

根源意識であるアガペの心から静かに振り返ることで自分の陥りやすいパターンを知り、同じパターンに陥らないようにするということです。根源意識から気づけるようになっても自己中心の傾向性がなくなるわけではありません。そのために、その時その瞬間だけでなく、行動の全体を見つめる視点を根源意識から持つことで、気づきを深め、自己中心の傾向性を本来の自己へと変容させていくことができるようになります。

第7則（「霊操」335）「善の道に進む人への善天使のかかわり方は、しずくが海綿に入るように優しく柔らかく触れるが、悪天使は荒々しく触れる」

善天使のふりを悪天使はするといっても、そこに微妙な違いがあるということです。これも「気づき」に見られるアガペから理解することができます。あらゆる人を支える呼吸はその営みが正常であればあるほどほとんど気づかれずさりげないように、存在の無条件の肯定としてのアガペはさりげないものです。アガペにはエゴがないために自分を誇ることも自己主張することもありません。かえって目立たなくします。ここに本当の愛の特徴がありま す。ですから自分の心の動きを見ていて、それがまったく自然体で作為がなく、静かなものであるとき、それは気づきそのものと親和性を持つものとなります。

けれども、エゴが残っていると何らかの自己を立てようとする動きや取引感情が入ってきます。たとえ良いことを行っていても、その行為を認めてもらえないときに生じる心の苛立ちなどです。このような動きも根源意識から見分けていくことができます。

第8則（「霊操」336）「原因なしの慰めの場合、神からの直接の働きかけの後も、余韻としての支えや温もりで慰めが続く場合、悪霊の入り込む余地があるので気をつけるべきである」

これもその通りですが、実際に見分けるのは簡単ではありません。けれども、これまでと同様に、最初から根源意識からの気づきを保っていれば、それが直接神からのものなのか、それとも余韻としてのものなのかを気にする必要はありません。常に静かにアガペに響いて気づくだけです。

おわりに

真福八端の第六番目の「心の清い人々は幸い」における「心の清さ」を育むのに、ロヨラの聖イグナチオの「霊の識別の規定」を活用しようとし、それをより相応しく進めるためにキリスト教的ヴィパッサナー瞑想の観点から理解することに取り組んできました。心の動きはプロセスであり、そのそれぞれの時点で心を清め、またプロセス全体を清めることで幸せの源である神と響くことができるのだと思います。

イグナチオの霊操の第一週の霊の識別の規定ではその時点での心（魂）の状態に中心をおきますが、第二週の霊の識別の規定ではプロセスに重点が置かれます。キリストの弟子として歩む者が携わる使徒職の中で、ときにそれが神の望みとは異なる方向へ行ってしまうことがあり、それを避けるために身につけなければならない見分けのための知恵と言えます。

これは経験の積み重ねが必要となるものです。最初からすべてを見通すことはできません。経験から学ぶのがイグナチオの霊性です。そこでその経験を生かすためにも大切な根本的態度はエンスの世界を俯瞰することができるエッセに開かれた意識の場から常に自分の心の動きに気づいていくことです。それを自覚的に助けてくれるのがキリスト教的ヴィパッサナー瞑想です。

心の清さとは気づきの清さであり、それは一切価値判断を持ち込まない無償・無条件の存在肯定という気づきです。それはアガペによる気づきとなり、アガペはまさに三位一体の神の本質ですから、この気づきは神と響き合う気づきとなります。使徒職を果たすプロセスにおいても常にこの気づきから取り組んでいってこそ、エゴを超えて神の思いにかなう奉仕を果たしていくことができるのです。

気づきにおいて人はすでに神を見ているのです。

平和をもたらす人は幸いである

平和を実現する人々は、幸いである、その人たちは神の子と呼ばれる。（5・9）

小山　英之

これまで北アイルランド紛争を研究して来た者としての私の一番の財産は、紛争の激しい地において社会正義への眼を大いに開かせていただいたこと、平和をもたらすために働いた方々を間近で目撃できたことである。北アイルランドのベルファストのレデンプトール会員、アレク・リード神父、ジェリー・レノルズ神父、アーマー州の町ポートダウンのイエズス会コミュニティーのパディ・ドイル神父、ブライアン・レノン神父、イーモン・スタック神父、ブラザーデイヴィー・バーン、ファーガス・オキーフ神父、マイケル・ビンガム神父、政治家のジョン・ヒューム氏、ジェリー・アダムズ氏、マーティン・マクギネス氏たちに出会えたことは、私の一生の宝である。結論を先に述べるならば、「現代人の喜び、希望、苦悩と不安、とくに貧しい人々とすべての苦しんでいる人々のものは、キリストの弟子たちの喜びと希望、苦悩と不安でもある」（『第二バチカン公会議　現代世界憲章』1）ということばどおり、上に挙げた人々は、貧しい人々とすべての苦しんでいる人々の苦悩と不安を自らの苦悩と不安とすることによって平和をもたらす人になったと言うことができる。

真福八端の七つ目「平和をもたらす人は幸いである」（マタ5・9、フランシスコ会訳）を主としてキリスト教平和学と教会の社会教説の助けを借りながら考えていきたい。平和学とは、「戦争の諸原因と平和の諸条件に関する学際的研究と教育」であり、それにキリスト教を加えると、キリスト教の考える「平和」、神の創造とキリストによるあがないを土台として考え、実践する学問と言うことができる。

宗教と暴力

現在世界を見渡して、気候変動の問題、地球の温暖化の次に課題となるのは、パレスチナ紛争を初めとする民族紛争とイスラム過激派の関係するテロ事件であろうか。「アラーアクバル（神は偉大なり）」と叫んで自爆テロで死んでゆく若者の姿を見て、宗教は危険なものと考えてしまう日本人も多いと思われる。

歴史的に見れば、宗教は社会的な不和にも調和にも貢献してきたし、暴力と和平のどちらにも深く影響してきた。宗教が暴力とつながってしまうのは、その宗教が、他宗教や他宗派の真偽を厳格に峻別しているためではない。宗教が政治権力とのもつれた関係に陥ってしまうことがその大きな理由である。宗教は一人ひとりの人生観や生き方にも関わっているが、同時に極めて社会的なものである。したがって宗教は必ずしも宗教だけの論理で動くのではなく、常に周囲の社会状況と連関しており、宗教がその暴力を正当化、ないしは助長する前に、何らかの具体的な「状況」が複雑に絡み合って、人々に武力行使を決断させている。

神の愛（摂理）と悪のつまずき

次に平和を考えるとき、人がぶつかる問題は、神は愛であるのなら、なぜこの世で罪のない人が苦しむのかという問いではないかと思う。キリスト教では、『カトリック教会のカテキズム』にあるように次のように考える。

全能の父であり、秩序あるよい世界の創造主である神が全被造物を配慮しておられるなら、なぜ悪が存在するのか。神は、自由意思を持つ被造物が神に同意するよう呼びかけておられる。しかし恐るべき神秘であるが、それに逆らうこともできるのである。そしてキリスト教の教え全体が、悪の問題に対する回答となっている。神は無限の英知と善とをもって、世界を究極の目的に「向かう途上」のものとして創造することを自由にお望みになった。そして神が全能の摂理により、被造物によって作られた悪の結果から善を引き出すことができることを聖書は示している。創世記のヨセフ物語の中で、ヨセフは兄弟たちに次のように語っている。「わたしをここへ遣わしたのは、あなたたちではなく、神です。……あなたはわたしに悪をたくらみましたが、神はそれを善に変え、多くの民の命を救うために、今日のようにしてくださったのです」（創45・8、50・20）。

聖パウロは「神を愛する者たちには、万事が益となる」（ロマ8・28）と語っている。聖トマス・モアは殉教を間近にして、娘にこう書いている。「起こることは何であれ、神様のお望みなのだ。ところで、神様が望まれることはすべて、たとえわたしたちには最悪に見えても、最善のものなのだよ」。ノリッジのジュリアンはこう言っている。「神様のお恵みによって学んだことですが、わたしは信仰をしっかり守り、すべてがよくなることを同様に固く信じなければなりません……あなたは、すべてがよくなることが分かるでしょう」（『カトリック教会のカテキズム』309―314）。

さて次からこの論考の主題に入っていきたい。平和を考える時に土台とすべきは、神の創造とあがないにおける大きな愛である。

創造物語

「初めに、神は天と地を創造された」。「神はそれを見て、善しとされた」。「神はご自分にかたどって人を創造された。人を神にかたどって創造された。男と女とに創造された」。「神はご自分がお造りになったすべてのものをご覧になった。それは極めて善かった」（創1章）。神は、その創造された全てのものを気に入っているよ、善いもんだと思っているよということである。善悪・美醜・上手下手・階級・人種・経歴などの一切のことを問う以前に、一人ひとりの人間が、神のかたちに愛のうちに創られたものであるということである。

私たち一人ひとりは、神のはからいのうちに神から望まれ、愛され、必要とされている。

「豆粒ほどの大きさの黒い円形の紙を棒の先につけ、教室の中を歩き回って学生に見せ、『これは何だと思いますか』と尋ねる。誰も答えられない。次にベラスケスの描いた『イノセンス十世』の大きな肖像画を見せ、何かおかしいところはないかと尋ねる。するとひと目でおかしいことに気づく。肖像画の片目が真っ白で、瞳がないのである。そこで、私がさっきの黒い小さな紙をその白目のなかにはりつけると、たちまち肖像画は生き返り、ひとつの完全な芸術作品となる。この黒い点が、あなたなのである、それだけを取り出してみると、無意味でなんの役に立つのかわからない。しかし、その小さな点は、全体の中で重要な役割を果たしている。あなたがいなければ、何かが欠けている。あなたがいてはじめて全体が完全なものとなるのである」。

そして人間の生は、神とのかかわり、隣人とのかかわり、大地とのかかわりによって成り立っている。

罪

教皇フランシスコは回勅『ラウダート・シ』（二〇一五年）において「聖書によれば、いのちにかかわるこれらの三つのかかわりは、外面的にも私たちの内側でも、引き裂かれてしまいました。この断裂が罪です」（66）と指摘される。これらの三つのかかわりは戦争、環境破壊に現れているように引き裂かれてしまっている。

教皇フランシスコは、回勅『ラウダート・シ』の中の「人間が、神の被造界の生物多様性を破壊すること、気候変動を引き起こしたり、天然林を大地からはぎ取ったり、湿地を破壊したりすることによって、人間が地球の十全さをおとしめること、人間が、地球上の水や土地や空気や生命を汚染すること、これらはすべて罪なのです」（8）、「自然界に対して罪を犯すことは、私自身に対する罪であり、神に対する罪でもある」（8）というヴァルソロメオス総主教の言葉を引用して、「わたしたちが神にかたどって創造された大地への支配権を与えられたことが他の被造物への専横な抑圧的支配を正当化するとの見解は、断固退けられなければなりません」（67）と述べる。神に創造され、そのはからいのうちに存在しているのに、善悪を知る木の実を食べ、神を中心にするのではなく自らが中心になろうとした結果である。

教皇は、この回勅の冒頭で、「私たち皆が共に暮らす家」を守ることの責務を指摘しつつ、ヨハネ二三世教皇の回勅『パーチェム・イン・テリス——地上の平和』（一九六三年）に触れておられる。「地上の平和」の冒頭には「すべての時代にわたり、人々が絶え間なく切望してきた地上の平和は、神が定めた秩序が全面的に尊重されなければ、達成されることも保障されることもありません」（1）と記されている。

すなわち、平和とは、神が与えられたこの世界の秩序を回復することであり、それは「神とのかかわり、隣人とのかかわり、大地とのかかわり」を回復し、「皆が共に暮らす家」を神が望まれるふさわしい姿に回復させることである。

信仰を生きるためには、心の内側を見つめて、神との個人的な出会いの体験を深めていくことも大切であるが、同時に、社会の現実の中でイエスの思いを実現し、神が望まれる秩序を回復するために、具体的に行動することも不可欠である。神から賜物として与えられた命を生きることは、「神とのかかわり、隣人とのかかわり、大地とのかかわり」をふさわしいあり方に回復させる努力を続けることである。

聖書の平和

聖書の啓示では、平和は、単に戦争が存在しないことではなく、それをはるかに超えたものである。それは生命の充足を意味する（マラ2・5）。平和は、神がその民に授ける祝福の産物である。「主がみ顔をあなたに向けて、あなたに平和をたまわるように」（民6・26）。旧約聖書における偉大な救いの言葉は「シャローム」である。ヘブライ語の"shalom"という単語は、「無欠」という意味の語に由来し、平和の包括的な意味を表している（イザ9・5以下、ミカ5・1―4）。シャロームとは、何も必要なものはないいのちの状態であり、生ける神の現存におけるいのちの充満に他ならない。それは人間同士の互いの愛、そしてすべての被造物の共同体におけるいのちの充満である。まったく傷のない状態である。シャロームは分裂や限定とは無縁である。この意味で、救いと幸福、神の平和と世俗的平和、魂と政治とを区別することは不可能である。暴力や不正の苦しみが地上を覆っている限り、神のシャロームは遥か遠い。イスラエルが国家として歴史的にいかなるシャロームを経験しようと、また信仰者個人がいかなるシャロームを経験しようと、それは単に、来るべき普遍的なシャロームの予兆やしるしでしかない。シャロームについての神の約束が個人的に実現されたとしても、まだ成就していないすべての人のためのシャロームが残っている。それゆえあらゆる歴史的なシャロームの経験は、将来シャロームが完全に実現することへの渇望を呼び覚ます。

旧約聖書全体を流れる平和の約束をなし遂げるのは、イエスご自身である。平和は、実際に、メシアの最高の属性である。復活されたイエスが、弟子たちの真ん中に立って「あなた方に平和があるように」と仰せになったように、メシアであるイエスとの交わりにおいて、新たな創造をもたらす聖霊を経験する時、不可能と思われたことは可能になり、弱い者は強くされ、正義を奪われていた人々はそれを得、拒絶されていた人々は愛され、こうして平和は実現可能なものとなる。傷のある状態から傷のない状態であるシャロームを成就するのに必要なこころの在り方、行動の動機は、通常「憐れに思い」と訳されているギリシア語のスプランクニツォマイ（はらわたを突き動かされた）――「痛みへの共感」である。ガザへの空爆、ミャンマーの軍隊の発砲によって苦しんでいる人々の苦しみを自分の痛みとする「平和への感受性」である。

消極的平和と積極的平和

ノルウェーの平和学者ヨハン・ガルトゥングは、戦争、さらには目に見える暴力、加害者の特定できる暴力を「直接的暴力」と呼び、物理的に、あるいは、言葉によって他者を傷つけたりするようなことを指す。また、「構造的暴力」とは、社会構造の中に組み込まれている不平等な力関係、経済搾取、貧困、格差、政治的抑圧、差別、植民地主義などを指すと主張した。そして、「平和＝戦争のない状態」と捉えるのは、「消極的平和」(negative peace)、構造的暴力のない状態を「積極的平和」(positive peace) とすると提起した。積極的平和は、「積極的に」(〜がある) と定義付けがなされるようになっていった。社会正義の存在や、医療システムの恩恵を受けられることなどである。

ガルトゥングによれば、人が本来その潜在的能力を発揮できる状態以下であるような影響を受けているならば、その社会には暴力が存在する。例えば、平均寿命が五〇歳前後である国・地域の状況は、七五―八五歳である先進工業国と比べてみると、人として平等ではない状況があるわけで、そこにはある種の暴力、社会構造・制度に組み込まれた暴力である構造的暴力が存在すると言える。

正義と愛の果実としての平和

平和は単に戦争の不在でも、敵対する勢力の均衡の維持に終始するものでもなく、むしろ人間に関する正しい理解の上に立てられるものであり、正義と愛を基礎とした秩序の確立を条件とするものである。

平和は正義の果実である（イザ32・17）。この場合の正義は、広い意味で、人という存在がすべての次元において公正に尊重されることを指している。平和が脅かされるのは、人間が人間として当然与えられるべきすべてのものを与えられない場合、人間の尊厳が尊重されない場合、そして市民生活が共通善に向けられていない場合である。人権の保護と促進は、平和な社会の構造および個人、民族、国家の包括的発展にとって不可欠である。

平和はまた、愛の果実でもある。「真実かつ永遠の平和は正義よりも愛の問題です。正義の機能は、平和への障害、つまり、与えられた障害または起こされた損害をただ取り除くことだけです。しかし、平和自体は行為であり、愛からのみ生まれるものです」（教皇ピオ一一世教皇回勅『ウビ・アルカノ』一九二二年）。愛の重要な要素の一つは、ゆるしであるが、ゆるしの体験としてよく語られる例は、北アイルランドのゴードン・ウイルソン（Gordon

Wilson）についてである。娘のマリーは一九八七年一一月八日にエニスキレンの爆破でカトリックの武装組織暫定派ＩＲＡ（アイルランド共和軍）[1]によって殺されたが、病院で娘が息を引き取った晩、ＢＢＣのインタヴューに応えて、ウイルソンは、静かな苦悩の面持ちで、娘との最後の会話を次のように描写した。

マリーは私の手を硬く握り、私をできる限り強くつかんで、「お父さん、愛しているよ」と言いました。それが娘の私に対する最後のことばでした。ウイルソンは続けて次のように言いました。私は悪意も恨みも抱きません。罵ったところで娘の命が戻ってくるわけではありません。どうか、どうして、とは聞かないでほしい。目的などありませんし、答えもありません。ただわかっているのは、計画があるはずだということです。そのように考えなければ自殺してしまいます。より大きな計画の一部なのです。神は善いお方だからです。私たちはいずれ再会します。

プロテスタントの武装集団は、この爆破の数時間後に報復を計画していたが、この放送を見て取りやめたと後で認めている。

平和は日々構築されていくもの

「平和は神が望まれる秩序を追究することによって、日々構築されていくものです」(『教会の社会教説綱要』495、教皇パウロ六世回勅『ポプロールム・プログレシオ』76、一九六七年)。平和は、状態としての平和とプロセスとしての平和に区別される。他者の犠牲によって潤い続ける限り、あるいは他者を抑圧し恐れさせ続ける限り、そこには平和は存在しない。豊かな生活を享受する者だけが、自分は平和のうちに生きていると考える現状である。彼らは、貧しい生活を余儀なくされる人々のことを無視している。

イエスは「わたしが地上に平和をもたらすために来たと思ってはならない。わたしが来たのは、平和ではなく剣を投ずるためである」(マタ10・34)と述べている。立場の違いをあいまいにしたまま、まあまあと我慢し合って、そこそこにいっしょにやっていこうではないかという、そんなことで平和が生まれるはずがない、というのがイエスの価値観である。分裂を恐れず、立場を鮮明にすることによって、いろいろギクシャクするかもしれないが、しかしそうやってはじめて本当の意味での対話が実現するのだ、と。

「平和をもたらす人は幸いである。その人たちは神の子と呼ばれる」。「幸い」はマカリオス、祝福されているという意味である。祝福とは神さまの力が裏打ちするということである。神の力添えに信頼して行動を起こしていくとき、神さまの力が必ず働くよというのが祝福である。「神の子」というのは、神のような働きをするであろうという意味である。

それゆえ平和は、進歩と退歩の現実を伴う一つの歴史的プロセスとして理解すべきである。平和への道において、私たちは暴力や軍備、武力を縮小し、共同体と相互信頼を築いていかなければならず、平和への道において、私たちは経済的搾取をなくし、公正で誰もが享受できる経済システムを構築することを課題とする。平和への道において、私たちは不自由を取り除き、政治的決定への人々の民主的参加が保障されることに関心を持ち続ける。教皇フランシスコが長崎でも繰り返された聖ヨハネ二三世教皇の『パーチェム・イン・テリス――地上の平和』のことば「軍備の均衡が平和の条件であるという理解を、真の平和は相互の信頼の上にしか構築できないという原則に置き換える必要があります」（邦訳61）の重みをより一層心に刻む必要がある。教皇フランシスコの回勅 FRATELLI TUTTI（二〇二〇年）にはさらなる進展が見られる。「正当な戦争の可能性について語るために、これまで何世紀にもわたって入念に作られた合理的な基準を引き合いに出すことは、今日では極めて難しい」（258）。さらに、「国際的な平和と安全は、安全に対する誤った意識、相互破壊や全滅の恐怖、単なる力のバランスの維持に基づくものであってはなりません。こうした文脈から、核兵器全廃という最終目的は、課題であり、倫理的、人道的責務となります。相互依存の増大とグローバル化は、核兵器の脅威に対する対応は、すべて相互信頼に基づき、共同的、協調的であるべきだということを意味します」(262)。

テロ活動に関して教会は次のように述べてきた。テロ活動に対する闘争に向けた国際協力は、「抑圧や制裁に訴える手段では不十分です。たとえ武力行使が必要な場合でも、そのとき伴わなければならないのは、テロ攻撃の背後にある動機の、勇気ある、正確な分析です」と(教皇パウロ二世「二〇〇四年世界平和の日メッセージ」8)。

「行いが伴わないなら、信仰はそれだけでは死んだものです」(ヤコ2・17)とあるようにキリスト者は、「あの世」を指向するのではなく、それを今ここにもたらす人々である。そのような生が真に生きられる時、キリスト教信仰は「大衆の阿片」ではなく、人々を解放する力になるのである。

以上述べてきたことを北アイルランド紛争の事例を通して考えていきたい。

北アイルランド紛争

北アイルランド紛争の原因はそもそも、英国によるアイルランドの植民地支配にある。

一七世紀の入植によってもともと住んでいたカトリック住民が二級の市民として差別されてきたことが一番の原因である。宗教が直接の原因ではない。暴力を起こさせるようにするのは植民地支配などの外的要因である。「分割して統治せよ」が英国の植民地支配政策であった。また紛争と宗教との関係はその信仰を抱く一人ひとりの人間によっても大きく変わってくる。例えばカトリックの武装組織暫定派ＩＲＡ（アイルランド共和軍）の構成員の多くはカトリック信者であるが、彼らの闘争そのものがキリスト教信仰に基づいているとは言い難い。彼らは差別してきた英国と英国人のアイデンティティーを持つプロテスタントの人たちの帝国主義に対して闘ったのである。

①北アイルランド紛争の背景

北アイルランド紛争が始まったのは、一九六九年である。不正な選挙制度、就職における差別、劣悪な住宅状態など、二級の市民としての地位に満足しきれなくなったカトリック住民が、アメリカのマルティン・ルター・キング牧師の指導する公民権運動に力づけられて始めた抗議運動が紛争にエスカレートしてしまったものである。一九七二年一月三〇日、武器を持っていない一般カトリック市民一四名が英国軍に射殺された血の日曜日を機に、大勢の若者たちが武装組織に加わり、差別撤廃を求める運動に加えて国のアイデンティティーをめぐっての闘争の要素が加わることになった。紛争のきっかけは、社会的不公正、人間の尊厳の欠如、いわば構造的暴力であり、宗教は直接の原因であるとはみなされない。北アイルランドにおいては、カトリック住民のほとんどが、英国からの分離独立を求め、プロテスタント住民のほとんどが、英国との連合の維持を求め闘ってきたが、南のアイルランド共和国の87・36％がカトリック、北アイルランド（英国の一部）では、53・13％がプロテスタント、43・76％がカトリック。[2]北アイルランドでは、プロテスタント住民が多数派でも、南北アイルランドが統一された日には、プロテスタント住民は少数派となり、北アイルランドでは、カトリック住民、プロテスタント住民両者ともマイノリティーであるという意識をもつ二重のマイノリティー現象が生じている。プロテスタントが闘ってきた主たる理由は心理的、宗教的であると言えるが、カトリックが闘ってきた理由は主として政治的、経済的であると言える。紛争はもともと互いに対して抱いた嫌悪感、敵対心をより強くし、両者とも被害者であると考えるようになってしまった。

この紛争も一九九八年四月一〇日、英国政府、アイルランド政府と北アイルランドの主な政党が、ベルファスト協定あるいは聖金曜日協定[3]と呼ばれる歴史的合意に至り、二〇〇五年九月二六日に暫定派ＩＲＡの武装解除が行われたことの宣言と証人による確証、二〇〇七年五月八日の北アイルランド自治政府復活により平和に向かって大きく前進してきた紛争であ

る。争ってきた者同士の真の和解にはまだまだ時間を要するとは言え、政治的には決着した紛争である。(4)

その和平プロセスにおいて鍵となる要素は、英国政府、アイルランド政府が第三者の助けを借りて暫定派ＩＲＡとプロテスタント武装組織と対話を続けるとともに、政治のレヴェルでの活動と草の根のレヴェルでの市民の活動が協働して和平プロセスを前進させ、その結果、武装組織が暴力手段に訴えなければならない原因となる構造的暴力が除去されてきたこと、対立する集団が相異なる主張に耳を傾け、理解することが少しずつ可能になってきたことである。そうしたプロセスにおいてカトリック教会の司祭、プロテスタント教会の牧師、大主教、ダブリンの労働組合員が第三者として果たした役割は大きい。

②アレク・リード（Alec Reid）神父の働き

北アイルランド紛争の和平プロセスにおいて最も重要で困難な仕事は、暫定派ＩＲＡによる暴力を止めさせ、彼ら／彼女らを民主主義のプロセスに入るよう導き、さらに穏健なナショナリスト政党である社会民主労働党（ＳＤＬＰ）との橋渡しをし、アイルランド政府、(5)英国政府に彼ら／彼女らが真摯に平和を求めていると説得し、合意を形成することであった。そのためにアレク・リード神父が大きな貢献をしたが、鍵となる要因は、「対話と関係作り」

であった。ＩＲＡの兵士たちを同じ人間として受け入れ、関係作りをした。彼ら／彼女らを簡単に裁くことなく、なぜ暴力手段に訴えなければならなかったのかと彼ら／彼女らの心理を深く究明したのであった。

③受肉／暴力に代わるアプローチ

アレク・リード神父の居住するクロノー修道院（Clonard Monastery）は、西ベルファストのカトリック住民とプロテスタント住民の間にあるピースライン[6]のすぐ近くにあり、不安を抱かえる誰にでも開かれており、紛争によって危険にさらされ、脅かされている人々のためにアレク・リード神父は絶えずＩＲＡとの仲介役を頼まれた。

カハル・デイリー司教に代表される制度としての教会の立場は、ＩＲＡとロイヤリストの暴力を非難するもので、国家の使用する暴力には、ほとんど注意を向けるものではなかった。アレク・リード神父は、こうした態度の限界に気づいており、これに代わるアプローチが必要であると気づいていた。これに代わる司牧的なアプローチを形成する鍵となる要素は、現場の暴力と直接接触することであった。一九七〇年代の初め、カトリックの地域では、暴動は毎日のように起こっていた。安全地帯から起こっていることを判断するのではなく、アレク・リード神父は、暴動を起こしている人々のところへ行って、なぜそうしているのかを理解しようと努めるのを常とした。アレク・リード神父は、後に次のように叙述している。赴任したベルファストの教会の近くの通りで少年たちが瓶、煉瓦や石を投げて警察と暴動を起こしているのを目撃したが、その少年たちは自分の教会のミサで侍者をつとめていた少年たちであった。その少年たちが分別のある子たちであることを知っていたアレク・リード神父は、彼らのしていることを非難し、暴力を止めろと言ったりはせず、どうして暴動に走っているのかと聞くことから始めた。すると一人の少年は、警察たちが大勢で夜中に家に侵入してきたので怒っているのだと告げた。こうした経験は、彼に注意して、即座に暴動を非難するのではなく、背景にある原因を見つけるよう努めることの重要性を教えた。

アレク・リード神父は、こうした相手を理解しようとする態度を暫定派IRAのメンバーに対しても応用し、彼らと一人ひとりの人間としてかかわっていった。そして結局彼らが暴力手段ではなく民主主義を通して目的を達成するよう導いていったのであった。「暴力をただ非難することは助けにならない」と彼は述べている。アレク・リード神父は、次のように述べている。「仕えるキリスト者は紛争の真っただ中に立って、個人的な経験の知識でもって理解するようになるまで生身の現実にある紛争と出会わなければならない。これが紛争を生じさせている善悪の道徳的次元をつきとめる唯一の知識である」。ここで彼は、イエスのアプローチを説明するために受肉という神学概念を思い起こさせる。「イエスは、人間の命のかかわる紛争の状況で神の仲介者としての彼の役割をいかに果たすであろうか？　生身の人間になるまでその紛争の真っただ中に生きることによってである……彼は善悪のすべての次元――個人のレヴェルから政治的宗教的な力を行使する人々の次元にいたるまでの――にとらわれるのに任せた。しかし、常に神の正義と慈しみの仲介者としてであった」。福音書には、イエスは「売春婦と罪びと」の友という表現が出てくるが、ここでは「テロリストと武装集団」の友と置き換えることができよう。

メイズ刑務所のＩＲＡの服役囚への奉仕の仕事の結果、彼は、ＩＲＡのあらゆるレヴェルの活動家、リーダーたちと独自の形で知り合うことになった。そのプロセスの初めから存在し、その後極めて重要になったのが、後にシン・フェイン党[7]の党首となったジェリー・アダムズ（Gerry Adams）との関係であった。ゆっくりとアダムズを彼の考えに同調するよう導いてゆき、アレク・リード神父は、アダムズと、ＳＤＬＰのリーダーであり、平和的ナショナリズムの頭であるジョン・ヒューム（John Hume）との間の、最初は書面での、後には差し向かいでの個人的なやり取りの接点となった。クロノー修道院におけるヒュームとアダムズの会合は、それと同時進行した英国の保安機関とマーティン・マクギネス（Martin McGuinness）との間の秘密の対話とともに、究極的には一九九三年の住民自決と同意を中心とした基本原理に基づくダウニング・ストリート宣言の基礎となり、翌年のＩＲＡとロイヤリスト武装組織の停戦への道をつくることになった。一般的に合意されているように、アレク・リード神父が促進するために多大の貢献をした和平プロセスは、大変な苦労をして勝ち取られた一九九八年のベルファスト合意として結実した。

④コミュニケーションの奉仕

イギリス管区のイエズス会員、ジェリー・ヒューズが北アイルランド滞在の後、次のように述べている。「メイズ刑務所の訪問を思い出して、今言えることは、この人たちが暴力についての考えを変えることができるとすれば、その条件は彼らが自分の考えを述べ、それを聴いてもらえるということです。私はサッチャー首相のテロリストとは話をしないという原則は、最も大きな愚行であるといつも考えていました。個人が、どんな理由であれ、沈黙が強制されれば、憤りが蓄積され、防衛は強められ、改心の可能性は小さくなってしまいます。ハイジャッカーでも誘拐者でも、最も重要なのは、コミュニケーションの経路をできる限り開き続けるということです。強制された沈黙は、一つの暴力であり、暴力はその性質からして、強められ、模倣されていくものです」。

その時、暴力が猛威を振るっており、シン・フェイン党はコミュニケーションから排除されていた。シン・フェイン党の立場から言えば、武装闘争は正当であると考えられた、なぜならまさしく通常の政治的解決は可能ではなかったからである。人間間のコミュニケーションが中断する時、問題が起きると予想される。平和への唯一の道は、コミュニケーションを確立あるいは回復することである。アレク・リード神父は、それをキリスト者の対話の精神によって特徴づけられるコミュニケーションの奉仕と呼んでいる。そしてキリスト教の奉仕者は、単に「慈しみ深い交わり」を提供するよう呼ばれているだけでなく、積極的に解決を探すよう呼ばれている。アレク・リード神父は、カトリック、プロテスタント、すべての側のトップの人々のところへ行かなければならないと自覚していた。この対話は、それぞれの党の一人ひとりは、真実と正義の正当なヴィジョンによって動かされているという確信に基づいていなければならない。

和平プロセスの初期の段階から貢献してきた神父のために、二〇〇五年にはもう一つの最後の仕事が残っていた。メソディストの牧師、ハロルド・グッド氏（Harold Good）とともに、IRAの武器と爆発物の最終的な破壊が行われたことの確証をするための独立した証人としての働きをすることであった。

同僚のジェリー・レノルズ（Gerry Reynolds）神父がアレク・リード神父の働きを次のように叙述している。「邪悪の真っただ中に神の慈しみをもたらすことによって平和を達成した」と。

シン・フェイン党の党首ジェリー・アダムズがかつて語ったことがある。「第三者の惜しげなく与え、辛抱強い、勤勉な働きがなければ、和平プロセスの可能性すらなかったでしょう。彼は和平プロセスの『揺りかご』です」。彼と親密な関係を築いた長老派教会の牧師、ケン・ノウェル氏（Ken Newell）も次のように叙述している。「私はいつも彼を電気技師として見てきました。電流の通っていない二つの電線を取って、テープのようにそれの周りに彼を巻き付けて、コミュニケーションの電流が流れ始まるまでしっかりと保っていた」。ジョン・ヒュームは、次のように語っている。「彼は、和平プロセスの柱でした。彼の勇気、決意、まったくの私心のなさがなければ、平和への道は、もっとずっと長くそしてもっとははるかに困難であったでしょう」。

⑤対話と紛争の転換

このようにアレク・リード神父他の働きにより、武装組織は停戦したが、もう一つ重要な側面は、相争うカトリック政党とプロテスタント政党との経験・見解の相違を乗り越えることであった。教皇フランシスコが回勅FRATELLI TUTTI（二〇二〇年）の第六章で「社会における対話と友情」について述べているが、それに加えてヨハン・ガルトゥングの提唱する「紛争の転換（transcend）」について述べたい。これはトランセンド法、超越法と訳されることもあるが、対立する両者が、「勝つ・負ける」というこれまでの枠組みを切り替え、双方の妥協点を調整するだけではなく、対立や矛盾を超越して創造的な解決法を探し出すものである。一方が善で、他方が悪であるという二元論を超える必要があるが、そのためには、時間をかけて相手の経験・見解に耳を傾け、理解しようとする態度が不可欠であり、そうして初めて知覚の変容が可能になるのである。そのために第三者の役割も重要になってくる。

和解のプロジェクトとして一九六五年に創設されたコリミーラという共同体があるが、このコリミーラの活動の一つとして暫定派ＩＲＡに息子や夫を殺された女性たちと、プロテスタントの武装組織によって息子や夫を殺された女性たちが一堂に会し、女性たちは悲しみを分かち合い、内戦や復讐が何ももたらさないことを確認したのであった。アメリカの上院議員ジョージ・ミッチェルが聖金曜日協定に至る円卓会議の議長を務め、重要な役割を果たしたが、彼も同様のことを行ったのである。見解・経験の異なる双方のリーダーに、それぞれの立場を主張させるのではなく、個人的に出会えるような場を設けた。ミッチェルは、二人を夕食に招き、政治や、紛争で受けた傷について話すのではなく、家庭や趣味について話すよう促し、自らのレッテル、他者につけたレッテルから離れて、人として一対一で心から向き合えるようにしたのであった。その結果、一九九八年に奇跡的ともいえる聖金曜日協定が達成されたが、その協定によれば、北アイルランドは、英国の一部として留まり、それにそれまで強く反対してきたシン・フェイン党も合意し、プロテスタント政党、英国政府も北アイルランドのカトリック住民がアイルランド人のアイデンティティを持てること、政治犯の釈放などに合意したのであった。

争っていた人々の和解にはまだまだ時間がかかるとは言え、解決が不可能だと思われた北アイルランド紛争も二〇〇七年五月をもって政治的な決着を見ることができた。ここに至るためには、アレク・リード神父たちの武装集団に対する慈しみによって社会に公正がもたらされ、相争い、見解を異にする人々の間のたゆまない対話によって合意がもたらされることが必要であった。神が人として受肉してこの世界の真っただ中に入ってこられたように、「貧しい人々とすべての苦しんでいる人々の苦悩と不安」を「キリストの弟子たちの不安と苦悩」として身に受けたことによって達成されたと言えるであろう。

むすびに

私は、非営利活動法人なんみんフォーラム（ＦＲＪ）の代表として日本における難民支援活動をしている。二〇二〇年五月、新型コロナ感染拡大にともない移民・難民の方々の生活困窮が深まっていく現状を目の当たりにして、移住者と連帯する全国ネットワーク（移住連）

が「移民・難民緊急支援基金」を立ち上げた。政府による特別定額給付金の支給は決まったが、住民登録がないことによって仮放免者や難民申請者を含む非正規滞在者や短期滞在者が排除される現実を前にしてＦＲＪも協力を決定し、ＦＲＪ加盟団体を通して難民を支援した。また、マリア・メディカルサポート基金を通して、国民健康保険に入れず、高額の医療費を支払えず苦しむ、ロヒンギャ難民、クルド難民ほか大勢の難民たちを支援してきた。

ＦＲＪの事務所のある中野区のひかりハウスには、現在、イエメン、カメルーン、ギニアからの難民四名が生活しており、一名はＦＲＪ加盟団体のサポート21の日本語教室に通い、他の三名のためには、上智大学のSophia Refugee Support Groupの学生たちが日本語教室を指導している。命からがら本国から逃れてきた後も迫害の記憶を抱えながら日本で長い収容生活を強いられ、脆弱な立場を余儀なくされてきた人たちである。鎌倉に二〇二〇年四月に開設されたアルペなんみんセンターには、現在、十名の難民（コンゴ、ウガンダ、イエメン、スリランカ、インドネシア）が居住し、畑仕事をし、日本語学習に励み、将来の生活に備えている。二〇二一年二月に「出入国管理及び難民認定法等の一部を改正する法律案」が閣議決定された。改正案は、収容に代わる措置としての「管理措置」の導入、難民認定申請者が入国管理施設に収容され、帰国に応じなければ刑事罰がかされるなどの国際法違反の懸念が指摘され、移住連とＦＲＪをはじめ市民社会が一つになって、議員、メディアに働きかけることによって改善を訴え、それを阻止することができた（五月一八日、廃案）。入管庁は、国際人権法や日本国憲法の前文を意に介さず、移住者を保護するという意識が希薄で、国民主権の名のもとに管理一辺倒である。市民社会は、今後さらに議論を重ね、「難民等保護法案」の実現を目指していく。

中国は、国家安全維持法によって香港の新聞『リンゴ日報』を六月二四日の朝刊を最後に廃刊し、より一層の全体主義を推し進め、近い将来台湾への侵攻の大きな不安を煽っている。

ミャンマーは、二月一日、軍事クーデターが起き、六月二五日までに八八一名が治安部隊の発砲により命を落とし、大勢が拘束されている。そういう中で、六月二六日、世界宗教者平和会議と上智大学アジア文化研究所の共催により「ミャンマーの平和を願う祈りと学びの集い」が開催された。七つの宗派による祈りがささげられた後、学習会が開かれた。「政治的危機の中にあるミャンマーと私たちの姉妹教会であるミャンマーの教会のために祈りましょう。ヤンゴン教区のボ枢機卿は『平和こそ唯一の道、民主主義はその道の唯一の光』と述べました。今、ミャンマーを覆っている暗闇と分裂が、正義と対話によって打ち払われますように。希望と平和、そして真の和解の共同体を築くために、私たち皆が協力することができますように」。祈りとともに、日本国内のミャンマーの人々、議員の方々と一つになって国軍への資金の流入を防ぐなど、できることを探し、実行に移してゆきたいものである。

八月一五日、全国戦没者追悼式において菅首相は、式辞の中でアジア諸国への加害責任や謝罪についていっさい触れられなかった。戦後五〇年、六〇年、七〇年首相談話において「痛切な反省と心からのおわびの気持ち」と言及したことがどこまで真意だったのか疑わしい。「戦後補償問題はすでに解決済みであるか」という論点がある。これに答えるには、日本がおこなった戦争の処理としてのサンフランシスコ平和条約とそれに関連する一連の二国間条約のあり方が大きな意味を持っている。冷戦の中での日本経済の復興と米国による日本の利用という枠組みが優先され、日本の侵略戦争と残虐行為の被害者はまったく放置された。北朝鮮とは国交はなく、北朝鮮の被害者はまったく無視され続けている。日本の侵略戦争と植民地支配の処理をめぐる歴史問題、戦後補償問題は解決されていない。国家同士の条約で解決済みとするのではなく、日本が苦しめた一人ひとりに心を配り、個人の人権・人間の尊厳の視点から、これからも解決策を探っていかなければならない。

長野県に満蒙開拓記念館があり、敗戦で大きな苦難を経験した開拓民の記憶を保存している。山崎豊子さん作の『大地の子』には、貧しさのうちに大変な苦労をしながら、日本人孤児の命を救い、育て上げた中国人養父母が登場する。彼らの慈愛、献身には、畏敬と感謝の念が湧きおこってくる。国家と国家の視点では、見えてこない人間のあるべき姿が見えてくる。こうした人間と人間の関係を通して互いの理解を深めてゆくことが平和への出発点である。

〈主な参考文献〉


教皇庁　正義と平和評議会［二〇〇九］、『教会の社会教説綱要』、カトリック中央協議会。

横山正樹、平井朗、小山英之編［二〇二〇］、『平和学のいま』、法律文化社。

『神学ダイジェスト』〈特集　平和と宗教〉二〇一五冬119号、上智大学神学会。

日本平和学会編［二〇一八］、『平和をめぐる14の論点』、法律文化社。

『すべてのいのちを守るため――教皇フランシスコ訪日講話集』［二〇二〇］、カトリック中央協議会。

本田哲郎［二〇一〇］、『聖書を発見する』、岩波書店。

Koyama, Hideyuki [2005], *Ethnic Conflict and Religion A Study of the Church in Northern Ireland*, Kyoto: Horitsubunka-sha.

McKeever, Martin C.Ss.R. [2017], *One Man, One God The Peace Ministry of Fr Alec Reid C.Ss.R.*, Dublin: Redemptorist Communications.

Pope Francis [2020], *FRATELLI TUTTI On Fraternity and Social Friendship*, Huntington: Our Sunday Visitor.

注

（1）アイルランド共和軍は、アメリカや英国のアイルランド系移民との連絡によって、武器、資金などの援助を受けて、武力闘争による英国からの分離独立を目指してきたが、一九七〇年に平和的手段か武力闘争かという路線をめぐって組織の内部に意見対立が起こり、武力闘争を展開するグループは、暫定派として分裂した。

（2）これは紛争の激しかった時期に近い二〇〇六年の国勢調査のデータであるが、二〇一一年の国勢調査によれば、カトリック41%、プロテスタント42%であり、0～35歳では、カトリック51%、プロテスタント40%である。

（3）新しい憲法的な解決のための青写真を立案している。北アイルランドの憲法的地位、南北、東西を結ぶ機関、人権・和解と暴力の犠牲者、機会の均等、武装解除、警察の改革、政治犯の釈放などの条項を含む。

（4）北アイルランドでは失業率が依然として高く、過激思想に陥る若者は多く、過去の紛争の記憶は重く、和解には時間がかかり、英国のEU離脱による情勢の変化の不安があるとはいえ、自治政府は二〇二〇年一月一一日、三年ぶりに復活しており、紛争に逆戻りすることはないであろう。

（5）カトリック住民のほとんどは、英国からの分離独立・共和国建設を目指し、民族主義者という意味でナショナリスト、また王党派でなく共和主義者であることからリパブリカンと称されている。プロテスタント住民のほとんどは、英国との連合（ユニオン）の継続を求めるので、ユニオニスト、英国王に対して忠誠を誓う人々であるので、ロイヤリストと呼ばれている。政治のプロセスにおいては「カトリック」、「プロテスタント」よりこの用語が使われることが多い。

（6）カトリック住民の居住区とプロテスタント住民の居住区を隔てる壁。

（7）シン・フェイン党は、ＩＲＡの政治組織とされ、強硬な共和主義をあげ、一貫してアイルランドの南北統一を主張してきた。

迫害体験と神の義

義のために迫害される人々は、幸いである、天の国はその人たちのものである。（5・10）

角田　佑一

はじめに

本稿の主題は、イエス・キリストの山上の説教における「義のために迫害される人々は、幸いである、天の国はその人たちのものである」（マタ5・10）という言葉の意味について考えることです。

旧約聖書と新約聖書において、神の御心をこの世界に実現するために活動する者は、多くの場合、人々からの反発、圧迫、迫害を受けます。神の意志に従って生きる者が、神の言葉を聞いて、それを人々に伝えるとき、人々はその内容に驚き、激しく反発して、神の言葉を伝える者を批判し、ときには暴力を用いて迫害します。

神は神の言葉を伝える者をとおして、神の義（正しさ）を人間に示しているのですが、人々は自らの罪ゆえに、神の言葉を受け入れることができません。彼らは神の言葉を告げ知らせる者を拒絶し、圧迫を加えます。しかし、それでも神は決して人間を見捨てることなく、人々と共にあり続け、彼らの罪をゆるし、救おうとされます。このとき、「神の義」がより深い次元で人々に示されます。それゆえ、神の言葉を伝える者が人々から迫害を受けることについて考えるためには、神の義とは一体何なのかを見ていく必要があります。

本論の構成は以下のとおりです。「一　神の義とアブラハム契約」、「二　神の義とモーセ契約」においては、神とイスラエルの民との契約において、旧約聖書における神の義の意味を見ていきます。「三　預言者エリヤの迫害体験――『沈黙の声』を聴く」、「四　第二イザヤにおける主の僕の苦難と死」においては、エリヤと第二イザヤの主の僕が受けた迫害の苦しみをとおして、いかにして彼らが神の言葉に従って生き、人々から受けた苦しみを受け止めていったのかを考察します。「五　イエス・キリストにおける神の義」、「六　神の義とパウロ」においては、新約聖書における神の義の理解を考察しながら、イエス・キリストの十字架と復活の意義、パウロにおける信仰義認と迫害下における彼の信仰体験について見ていきたいと思います。「おわりに」では、本論の内容をふまえて、「義のために迫害される人々は、幸いである、天の国はその人たちのものである」という言葉の意味について説明しています。

一　神の義とアブラハム契約

聖書における「義」（ヘブライ語：ツェダカー、ギリシャ語：ディカイオシュネー）とは、基本的に神の義、すなわち神の正しさを意味しています。旧約聖書において、神の義とは、神自身がイスラエルの民との契約につねに忠実であり、イスラエルの民とつねに共にあって、深く結びついていることを意味しています。

創世記17章において、主はアブラハムに「わたしは全能の神である。あなたはわたしに従って歩み、全き者となりなさい。わたしは、あなたとの間にわたしの契約を立て、あなたをますます増やすであろう」（創17・1―2）と述べて、彼と契約を結びます。さらに主は「わたしは、あなたとの間に、また後に続く子孫との間に契約を立て、それを永遠の契約とする。そして、あなたとあなたの子孫の神となる」（創17・7）と語り、アブラハムと彼の子孫に対する永遠の契約を結びます。そして、「わたしは、あなたが滞在しているこのカナンのすべての土地を、あなたとその子孫に、永久の所有地として与える。わたしは彼らの神となる」（創17・8）と語りかけて、アブラハムと彼の子孫にカナンの地を永久の所有地として与えることを約束します。

そのうえで、神はアブラハムに「だからあなたも、わたしの契約を守りなさい、あなたも後に続く子孫も。あなたたち、およびあなたの後に続く子孫と、わたしとの間で守るべき契約はこれである。すなわち、あなたたちの男子はすべて、割礼を受ける」（創17・9―10）と命じます。神がアブラハムと彼の子孫に対して契約を結んだとき、その契約を守るために、彼らに割礼を実践するように求めます。そして、アブラハムと彼の子孫が、神との契約に忠実であるように要求しています。

この箇所を見ると、神の義とは何なのかを考えることができます。神の義とは、まず神自身がアブラハムと彼の子孫との永遠の契約に対して忠実であることを意味し、そのうえで彼らが神の意志を実践して契約を守るとき、神は彼らを義なる者（正しい者）として認め、祝福と平和を与えるということをも意味しています。神はアブラハムと彼の子孫に対して、神の言葉を聴き、神の意志に従い、より全き者となるように求めたのです。

その後、創世記22章において、神はアブラハムに対して「あなたの息子、あなたの愛する独り子イサクを連れて、モリヤの地に行きなさい。わたしが命じる山の一つに登り、彼を焼き尽くす献げ物としてささげなさい」（創22・2）と呼びかけて、自らの息子を神にささげるように求めます。アブラハムは神の言葉を聞いて、二人の若者と息子のイサクを連れて、神の命じられた場所に行き、祭壇を築いて薪を並べ、イサクを縛って祭壇の薪の上に置き、息子を屠ろうとします（創22・3―10）。そのとき、天から主のみ使いがやってきて、「その子に手を下すな。何もしてはならない。あなたが神を畏れる者であることが、今、分かったからだ。あなたは、自分の独り子である息子すら、わたしにささげることを惜しまなかった」（創22・12）と言って、神の言葉に聞き従ったアブラハムの信仰をたたえます。そして、主のみ使いは、アブラハムに以下の言葉を伝えます。

わたしは自らにかけて誓う、と主は言われる。あなたがこの事を行い、自分の独り子である息子すら惜しまなかったので、あなたを豊かに祝福し、あなたの子孫を天の星のように、海辺の砂のように増やそう。あなたの子孫は敵の城門を勝ち取る。地上の諸国民はすべて、あなたの子孫によって祝福を得る。あなたがわたしの声に聞き従ったからである。（創22・16―18）

ここで、主なる神は、神の言葉に聞き従ったアブラハムを、神において正しい者として認め、彼と彼の子孫へのさらなる祝福を約束します。

二　神の義とモーセ契約

神はイサクの息子であるヤコブに対して、「わたしは神、あなたの父の神である。エジプトへ下ることを恐れてはならない。わたしはあなたをそこで大いなる国民にする。わたしがあなたと共にエジプトへ下り、わたしがあなたを必ず連れ戻す」（創46・3―4）と告げます。そして、ヤコブは自分の家族とともにエジプトに移住しました。出エジプト記によれば、ヤコブの子孫であるイスラエルの民はエジプトでその数を増していきました。エジプトのファラオはイスラエルの民が人口増加によって力を持つのを恐れ、彼らに重労働を課して虐待するようになります。そして、イスラエルの人々は粘土こね、れんが焼き、あらゆる農作業などをさせられ、過酷な労働に従事させられました（出1・1―14参照）。そして、彼らは深い苦しみと痛みを体験するようになります。そのような状況のなかで、神はモーセを呼び出し、「わたしは、エジプトにいるわたしの民の苦しみをつぶさに見、追い使う者のゆえに叫ぶ彼らの叫び声を聞き、その痛みを知った」（出3・7）と彼に語りかけます。そして、神は「わたしは降って行き、エジプト人の手から彼らを救い出し、この国から、広々としたすばらしい土地、乳と蜜の流れる土地、カナン人、ヘト人、アモリ人、ペリジ人、ヒビ人、エブス人の住む所へ彼らを導き上る」（出3・8）とモーセに告げます。さらに神は「見よ、イスラエルの人々の叫び声が、今、わたしのもとに届いた。また、エジプト人が彼らを圧迫する有様を見た。今、行きなさい。わたしはあなたをファラオのもとに遣わす。わが民イスラエルの人々をエジプトから連れ出すのだ」（出3・9―10）と言って、モーセにイスラエルの民をエジプトから脱出させ、カナンの地に連れていく使命を与えます。

神はエジプト人の奴隷となっているイスラエルの人々の叫び声を聞いて、イスラエルの民との契約を思い起こし、彼らをエジプトから導き出して救い出し、アブラハム、イサク、ヤコブに与えると誓った土地に彼らを導き入れて、その土地を与えることをモーセに約束します（出6・2―8）。

モーセはイスラエルの人々をエジプトから導き出して、葦の海を渡り、荒野の旅に入ります。彼らは荒野における苦難の旅のなかで、シナイ山にたどり着きます。そこで、主はモーセをシナイ山の頂上に呼び寄せ、そこで十戒を与えます。

十戒の内容は「あなたには、わたしをおいてほかに神があってはならない」（出20・3）、「あなたはいかなる像も造ってはならない」（出20・4）、「あなたの神、主の名をみだりに唱えてはならない」（出20・7）、「安息日を心に留め、これを聖別せよ」（出20・8）、「あなたの父母を敬え」（出20・12）、「殺してはならない」（出20・13）、「姦淫してはならない」（出20・14）、「盗んではならない」（出20・15）、「隣人に対して偽証してはならない」（出20・16）、

「隣人の家を欲してはならない」(出20・17)という掟になります。

さらに主は十戒とともに「契約の書」と呼ばれるさまざまな律法を与えました(出20・22―23・33)。その後、モーセは一旦、山を下り、主のすべての言葉と法をイスラエルの民に告げると、民は「わたしたちは、主が語られた言葉をすべて行います」(出24・3)と答えます。さらにモーセは祭壇を築き、イスラエルの人々の若者を遣わして、焼き尽くす献げ物をささげさせ、さらに和解の献げ物である雄牛を主にささげさせます(出24・5)。モーセが契約の書を民に読むと、彼らは「わたしたちは主が語られたことをすべて行い、守ります」(出24・7)と答えます。そのとき、モーセは和解の献げ物である雄牛の血を民にふりかけ、「見よ、これは主がこれらの言葉に基づいてあなたたちと結ばれた契約の血である」(出24・8)と述べます。

主がモーセに十戒の石板を二回目に与えたとき、主は「見よ、わたしは契約を結ぶ。わたしはあなたの民すべての前で驚くべき業を行う。それは全地のいかなる民にもいまだかつてなされたことのない業である。あなたと共にいるこの民は皆、主の業を見るであろう、わたしがあなたと共にあって行うことは恐るべきものである」(出34・10)と告げます。そして、種々の律法を与えて、その掟を守るようにイスラエルの民に伝えます(出34・11)。

申命記において、主は律法について「これは、あなたたちの神、主があなたたちに教えよと命じられた戒めと掟と法であり、あなたたちが渡って行って得る土地で行うべきもの。あなたもあなたの子孫も生きている限り、あなたの神、主を畏れ、わたしが命じるすべての掟と戒めを守って長く生きるためである」（申6・1―2）と語ります。そして、主は「イスラエルよ、あなたはよく聞いて、忠実に行いなさい。そうすれば、あなたは幸いを得、父祖の神、主が約束されたとおり、乳と蜜の流れる土地で大いに増える」（申6・3）とイスラエルの民に告げます。さらに主は「聞け、イスラエルよ。我らの神、主は唯一の主である。あなたは心を尽くし、魂を尽くし、力を尽くして、あなたの神、主を愛しなさい」（申6・4）と語りかけ、イスラエルの民が神への愛に生きるように呼びかけます。このように神自身がイスラエルの民との契約に忠実であり、イスラエルの人々を決して見捨てることなく、彼らを救うためにエジプトから連れ出し、カナンの地へと導き入れようとします。そして、神はモーセをとおして彼らに律法を与え、彼らがその掟を守るとき、祝福を与えることを約束します。

三　預言者エリヤの迫害体験――「沈黙の声」を聴く

列王記上によれば、預言者エリヤはバアル神とアシェラ像の信奉者である北イスラエル王国の国王アハブに対して、「わたしの仕えているイスラエルの神、主は生きておられる。わたしが告げるまで、数年の間、露も降りず、雨も降らないであろう」（王上17・1）と言って干ばつを預言したり、さまざまな奇跡を行ったり（王上17・8―24）、バアル神の預言者たちと対決をしたり（王上18・1―40）と、預言者としてさまざまな活動をしていました。しかし、バアル神の預言者との戦いに勝った後、エリヤは王妃イゼベルに命を狙われるようになり、恐れを抱いて逃亡します。

エリヤはユダのベエル・シェバに至り、荒れ野に入り、一本のえにしだの木の下に来て座り、自分の命が絶えるのを願って「主よ、もう十分です。わたしの命を取ってください。わたしは先祖にまさる者ではありません」（王上19・4）と祈ります。それに対して、神の御使いがエリヤに食べ物と水を与えて力づけます。そして、エリヤは四十日四十夜歩き続けて、神の山ホレブに着きました（王上19・5―8）。彼は洞穴に入り、主に対して「わたしは万軍の神、主に情熱を傾けて仕えてきました。ところが、イスラエルの人々はあなたとの契約を捨て、祭壇を破壊し、預言者たちを剣にかけて殺したのです。わたし一人だけが残り、彼らはこのわたしの命をも奪おうとねらっています」（王上19・10）と嘆きます。エリヤの嘆きの言葉に対して、主は「そこを出て、山の中で主の前に立ちなさい」（王上19・11）と言われます。そのとき、主が通り過ぎていきます。そして、主の御前にひじょうに激しい風が吹き、山を裂き、岩を砕きました。しかし、その風のなかに主はおられませんでした。その後、風の後に地震が起きますが、地震のなかにも主はおられませんでした（王上19・11）。地震の後に火が起こりましたが、火のなかにも主はおられませんでした。そして、火の後、エリヤの耳に「静かにささやく声」が聞こえます（王上19・12）。エリヤはその声を聴いて外套で顔を覆い、洞穴の入口に立っていると、同じ声が「エリヤよ、ここで何をしているのか」と語りかけます。エリヤは先ほど述べた嘆きの言葉をもう一度繰り返して言うと、主は「行け、あなたの来た道を引き返し、ダマスコの荒れ野に向かえ。そこに着いたなら、ハザエルに油を注いで彼をアラムの王とせよ。ニムシの子イエフにも油を注いでイスラエルの王とせよ。またアベル・メホラのシャファトの子エリシャにも油を注ぎ、あなたに代わる預言者とせよ」（王上19・15―16）と、エリヤに具体的な指示を与えます。

エリヤの前に現れた風、地震、火は、彼の身に起きる苦難や迫害を象徴的に表しています。しかし、エリヤはそれらの出来事のなかに、主を見出すことができませんでした。そのとき「静かにささやく声」がエリヤの耳に聞こえます。この「静かにささやく声」は、ヘブライ語だと「コール・ドゥマーマー」という言葉で「沈黙の声」を意味します。「沈黙」と「声」というのは、互いに相矛盾するように思えますが、ここに深い意味があるのだと思います。エリヤの前にさまざまな出来事が起きますが、いずれの出来事のうちにも、彼は主を見出すことができませんでした。しかし、最終的に主はまったき沈黙の内に、沈黙のままで、エリヤに言葉を語りかけるのです。

私たちが自らの信仰のゆえに迫害を受けるとき、さまざまな苦しみの出来事のなかに、主を見出すことができないことがあります。しかし、エリヤのこの物語を見ると、そのような出来事のなかにあっても、主が沈黙の内に、沈黙のままで、「沈黙の声」を私たちに語りかけていることがわかります。私たちはその呼び声を聴き取る耳を持つことが大切であると思います。

四　第二イザヤにおける主の僕の苦難と死

イザヤ書40章から55章は、「第二イザヤ」とも呼ばれる箇所です。この箇所では、主の僕の苦難と死について語られています。主の僕はイスラエルの民に真の解放を告げ知らせる使命を、主から与えられていました（イザ49・5―6）。しかし、主の僕はイスラエルの人々から辛い仕打ちを受けます。「主なる神はわたしの耳を開かれた。わたしは逆らわず、退かなかった。打とうとする者には背中をまかせ、ひげを抜こうとする者には頬をまかせた。顔を隠さずに、嘲りと唾を受けた」（イザ50・5―6）と主の僕は語ります（第二イザヤの引用箇所に関しては、筆者が句読点を追加しています）。しかし、主の僕は「主なる神が助けてくださるから、わたしはそれを嘲りと思わない。わたしは顔を硬い石のようにする。わたしは知っている、わたしが辱められることはない」(イザ50・7)と言って、人々から与えられる苦しみを耐え忍びます。このようにして、主の僕は人々から受けるさまざまな仕打ちに対して抵抗することなく、自分自身を人々の手にゆだねます。

最後、主の僕は大きな苦しみを受けて死に至ります。「見よ、わたしの僕は栄える。はるかに高く上げられ、あがめられる。かつて多くの人をおののかせたあなたの姿のように彼の姿は損なわれ、人とは見えず、もはや人の面影はない」(イザ52・13—14)と言われ、主の僕は人間としての苦しみを徹底して味わうなかで、神によって高く上げられ、あがめられるようになります。

第二イザヤは、主の僕について「乾いた地に埋もれた根から生え出た若枝のように、この人は主の前に育った。見るべき面影はなく、輝かしい風格も、好ましい容姿もない」(イザ53・2)と語っていて、主の僕が苦しみのなかですっかり変わり果てた姿になってしまったと述べています。そのうえで、第二イザヤは主の僕の苦難の意味について、「彼は軽蔑され、人々に見捨てられ、多くの痛みを負い、病を知っている」(イザ53・3)、「彼が担ったのはわたしたちの病、彼が負ったのはわたしたちの痛みであったのに、わたしたちは思っていた、神の手にかかり、打たれたから彼は苦しんでいるのだ」(イザ53・4)と述べて、主の僕が私たちの病や痛みを背負って苦しんでいると理解します。

さらに第二イザヤは主の僕について「彼が刺し貫かれたのは、わたしたちの背きのためであり、彼が打ち砕かれたのは、わたしたちの咎のためであった。彼の受けた懲らしめによって、わたしたちに平和が与えられ、彼の受けた傷によって、わたしたちはいやされた」（イザ53・5）、「そのわたしたちの罪をすべて主は彼に負わせられた。苦役を課せられて、かがみ込み、彼は口を開かなかった。屠り場に引かれる小羊のように、毛を切る者の前に物を言わない羊のように、彼は口を開かなかった。捕らえられ、裁きを受けて、彼は命を取られた」（イザ53・6―8）、「彼は自らの苦しみの実りを見、それを知って満足する。わたしの僕は、多くの人が正しい者とされるために彼らの罪を自ら負った」（イザ53・11）と述べて、「主の僕」が私たちの罪を背負い、苦しみと死を体験したことによって、私たちに平和が与えられ救われたのだと述べられています。

主の僕の苦しみと死は、神の言葉を告げ知らせる使命を与えられた者が、人々から理不尽な苦しみを受けて殺されたとき、その苦しみと死が、神と人間にとって、どのような意味を持っているのかを明確に示しています。すなわち、主の僕は人々の罪や過ちをすべて背負って苦しみと死を体験します。そして、主の僕の苦しみと死をとおして、神は人々に罪のゆるしと平和を与えるのです。

五　イエス・キリストにおける神の義

新約聖書における神の義を見てみると、神の義はイエス・キリストとのつながりのなかで考えられるようになります。神はイスラエルの民を決して見捨てることなく、彼らとの契約への忠実を貫き、彼らを罪と死から最終的に救うために、神の言（子）を受肉させて、この世界に派遣しました。そして神の言（子）は人間性を取って、イエス・キリストとしてこの世界に生まれました。そして、イエス・キリストにおいて、私たちは「インマヌエル」（神が私たちとともにおられる）の出来事を、具体的かつ決定的な仕方で体験するようになります。そして、イエス・キリストは自らの贖いの業によって、イスラエルの民の救いだけではなく、人類全体の救いの道を開いていきます。したがって、新約聖書においては、神の義がイエス・キリストにおいて、具体的かつ決定的な仕方で示されるようになります。そして、神の義が真に実現されるのが、イエスを中心とする神の国であるのです。イエス自身、「何よりもまず、神の国と神の義を求めなさい」（マタ６・33）と述べています。この場合、神の義とは、イエス・キリストにおいて示される神の愛とゆるしを意味しています。神自身の限りのない愛とゆるしは、イスラエルの民をとおして人類全体に注がれ、人間に罪のゆるし、苦しみと死からの解放をもたらします。そして、神の義は神の意志に従って生きる者たちを義なる者（正しい者）として認めて、救いの恵みを与えます。この場合、神の意志に従って生きる者たちとは、神への愛と隣人愛を生きる者たちを意味しています。

イエスは聖書や律法について説明するとき、律法学者の権威に依り頼むことなく、御父との直接的な関係のなかで語ります（マタ21・23―27）。イエスは律法のなかで最も重要な掟として、「心を尽くし、精神を尽くし、思いを尽くして、あなたの神である主を愛しなさい」と、「隣人を自分のように愛しなさい」という二つの掟を挙げ、「律法全体と預言者は、この二つの掟に基づいている」と述べています（マタ22・34―40）。そして、イエスは隣人愛の実践において、「敵を愛し、自分を迫害する者のために祈りなさい。あなたがたの天の父の子となるためである」（マタ5・44―45）、「だから、あなたがたの天の父が完全であられるように、あなたがたも完全な者となりなさい」（マタ5・48）と述べて、私たちに無条件の隣人愛を生きるよう呼びかけます。

そのうえで、イエスは当時の律法学者やファリサイ派の人々が、神への愛と隣人愛を忘れて、自分たちにとって都合のいいように律法を解釈して、ゆがんだ律法理解のもとに、一つひとつの律法を教条主義的に実践しながら、多くの人々を不当に裁き、つまずきを与えていると批判します。そして、イエスは彼らを「偽善者」と呼んで痛烈に非難します（マタ23・

1―36）。イエスは人々に「あなたがたの義が律法学者やファリサイ派の人々の義にまさっていなければ、あなたがたは決して天の国に入ることができない」（マタ5・20）と語ります。ここで「あなたがたの義」というのは、イエス・キリストにおいて示された神の義にもとづいて、神への愛と隣人愛を実践することを意味していると思います。

さらにイエスは「安息日に善いことをするのは許されている」（マタ12・12）と言って、手の萎えた人を癒すことを行います（マタ12・13）。それに対して、ファリサイ派の人々はイエスが安息日違反を犯したとみなし、彼を殺すことを考えるようになります（マタ12・14）。

その後、ペトロがイエスに対して「あなたはメシア、生ける神の子です」（マタ16・16）と信仰告白すると、イエスはペトロに対して、「わたしも言っておく。あなたはペトロ。わたしはこの岩の上にわたしの教会を建てる。陰府の力もこれに対抗できない。わたしはあなたに天の国の鍵を授ける。あなたが地上でつなぐことは、天上でもつながれる。あなたが地上で解くことは、天上でも解かれる」（マタ16・18—19）と述べます。この対話の後、イエスは自らの死と復活を予告し、「必ずエルサレムに行って、長老、祭司長、律法学者たちから多くの苦しみを受けて殺され、三日目に復活することになっている」と弟子たちに告げます（マタ16・21）。それから、イエスは「わたしについて来たい者は、自分を捨て、自分の十字架を背負って、わたしに従いなさい。自分の命を救いたいと思う者は、それを失うが、わたしのために命を失う者は、それを得る」（マタ16・24）と弟子たちに告げ、イエスに従う者の覚悟について語ります。

イエスは自らの予告通り、エルサレムに入城し、弟子たちとともに過越の食事をします。いわゆる主の晩餐のなかで、一同が食事をしているとき、イエスはパンを取って、賛美の祈りを唱えて、それを裂き、弟子たちに与えて「取って食べなさい。これはわたしの体である」（マタ26・26）と言います。そして、ぶどう酒の入った杯を取り、感謝の祈りを唱えて弟子たちに渡し、「皆、この杯から飲みなさい。これは、罪が赦されるように、多くの人のために流されるわたしの血、契約の血である」（マタ26・27―28）と述べます。主の晩餐において与えられたキリストの体と血は、人類の救いのためにささげられたものであり、十字架におけるキリストの体と血でもあります。

イエスは主の晩餐の後、弟子たちとともに、ゲッセマネの園に赴き、受難の道を前にして深い心の葛藤を体験します。彼はひどく恐れて悶えはじめ、「わたしは死ぬばかりに悲しい。ここを離れず、わたしと共に目を覚ましていなさい」（マタ26・38）と弟子たちに言います。ここで、イエスは苦しみのなかで御父に祈り続けていますが、御父は沈黙しています。そのなかで、イエスは「父よ、できることなら、この杯をわたしから過ぎ去らせてください。しかし、わたしの願いどおりではなく、御心のままに」（マタ26・39）と祈ります。イエスは御父の沈黙のただなかで、御父の御心にふれます。そして、御父の意志に従って、自ら受難の道に入っていくことを決断します。

その後、イエスは逮捕され、最高法院で裁判を受け、総督から死刑の判決を受けて、受難の道に入っていきます（マタ26・47―68、27・15―26）。そして、彼は十字架を背負って、さまざまな侮辱や蔑みを受けながら、ゴルゴタの丘まで歩いていきます。そして、彼は十字架に付けられて、「エリ・エリ・レマ・サバクタニ」、すなわち「わが神、わが神、なぜわたしをお見捨てになったのですか」（マタ27・46）と叫んで、息を引き取ったと伝えられています。神の義はイエス・キリストにおいて完全に示されましたが、人々はキリストを頑なに拒んで受け入れず、最後は十字架にかけて殺してしまいました。人々のこの行為のうちに、人類の最も深い罪が現れています。しかし、キリストの十字架の死において、人類の最も深い罪をゆるす、神自身の最も深い愛が示されます。この神の愛はたんにイスラエルの民のみに限定的に与えられるものではなく、イスラエルの民をとおして全人類に示されます。たとえ、人間が神に対してきわめて重大な罪を犯したとしても、神はキリストの十字架の死において、人類の罪を全面的にゆるし、人類に苦しみと死からの決定的な解放をもたらすのです。

キリストは死んで三日後に復活し、弟子たちの前に現れ、「わたしは天と地の一切の権能を授かっている。だから、あなたがたは行って、すべての民をわたしの弟子にしなさい。彼らに父と子と聖霊の名によって洗礼を授け、あなたがたに命じておいたことをすべて守るように教えなさい。わたしは世の終わりまで、いつもあなたがたと共にいる」（マタ28・18―20）と告げます。キリストの復活とは、私たちが復活したキリストと出会う出来事であり、その出来事において、私たちは死を超えたキリストの復活のいのちに与ります。そして、私たちは罪のゆるし、神との一致を体験します。さらにキリストの復活とは、神が人類を決して見捨てることなく、つねに共にあることを示し、人類の救いを最終的に確証づけるものでもあります。以上のように、神の義はキリストの十字架の死と復活において決定的に示されたのです。

六　神の義とパウロ

パウロはローマの信徒への手紙のなかで、「イエス・キリストを信じることにより、信じる者すべてに与えられる神の義」（ロマ３・22）について語っています。パウロによれば、「人は皆、罪を犯して神の栄光を受けられなくなっていますが、ただキリスト・イエスによる贖いの業を通して、神の恵みにより無償で」義とされます（ロマ３・23）。神はキリストを立てて「罪を償う供え物」とされました。それは、今まで人間が犯した罪をゆるし、神の義を示すためでした（ロマ3・25）。これまで神は人類に対して、ずっと忍耐してこられたのですが、「今この時に義を示されたのは、御自分が正しい方であることを明らかにし、イエスを信じる者を義となさるため」でした（ロマ3・26）。神の義がイエス・キリストにおいて決定的な仕方で示されたのは、イエスを信じる者を正しい者として認め、義とするためだったのです。パウロは「人が義とされるのは律法の行いによるのではなく、信仰による」と考えます（ロマ3・28）。そして、神の救いがユダヤ人にも、異邦人にも開かれており、神は割礼のある者を信仰によって義とし、割礼のない者をも信仰によって義とすると説きます（ロマ3・29―30）。

さらにパウロはアブラハムの信仰にも言及します。パウロによれば、アブラハムは彼の行いではなく、彼の信仰によって義とされたと考えます。アブラハムは割礼を受ける前から、信仰によって義とされていました。そして、アブラハムは信仰によって義とされた証しとして割礼のしるしを受けたため、アブラハムは割礼を受けた者たちの父でありながらも、「割礼のないままに信じるすべての人々の父」にもなり、彼らも義と認められるようになったとパウロは述べています（ロマ4・11―12）。

パウロは神の義と信仰による義について、以上のような理解を持ち、積極的に異邦人への宣教を行いました。彼は宣教生活のなかで多くの苦難を体験しました。パウロはコリントの信徒への第二の手紙のなかでさまざまな迫害を受けた体験について、以下のように語っています。

苦労したことはずっと多く、投獄されたこともずっと多く、鞭打たれたことは比較できないほど多く、死ぬような目に遭ったことも度々でした。ユダヤ人から四十に一つ足りない鞭を受けたことが五度。鞭で打たれたことが三度、石を投げつけられたことが一度、難船したことが三度。一昼夜海上に漂ったこともありました。しばしば旅をし、川の難、盗賊の難、同胞からの難、異邦人からの難、町での難、荒れ野での難、海上の難、偽の兄弟たちからの難に遭い、苦労し、骨折って、しばしば眠らずに過ごし、飢え渇き、しばしば食べずにおり、寒さに凍え、裸でいたこともありました。

このほかにもまだあるが、その上に、日々わたしに迫るやっかい事、あらゆる教会についての心配事があります。だれかが弱っているなら、わたしは弱らないでいられるでしょうか。だれかがつまずくなら、わたしが心を燃やさないでいられるでしょうか。

（二コリ11・23―29）

パウロは迫害による艱難辛苦の体験をとおして、キリストへの信仰を深め、神のために、人々のために、どのように奉仕して生きるのかを探っていきました。そして、神と人々に仕えて生きるキリスト者の模範を、パウロは信徒たちに示しました。

フィリピの信徒への手紙のなかで、パウロはキリストが「神の身分でありながら、神と等しい者であることに固執しようとは思わず、かえって自分を無にして、僕の身分になり、人間と同じ者に」なられたと述べます（フィリ2・6―7）。そして、キリストは「人間の姿で現れ、へりくだって、死に至るまで、それも十字架の死に至るまで」父に対して従順でした（フィリ2・8）。

キリストは十字架の上で死に、人類を罪と死から解放しました。それゆえ、我々は敵であったときでさえ、御子の死によって神と和解させていただいたのであるから、「和解させていただいた今は、御子の命によって救われるのはなおさらである」であるとパウロは述べています（ロマ5・10）。キリストは御父の意志に対する従順をとおして父に仕え、人類を救うために、受難と死の道を歩みました。このようなキリストの生き方は、私たちが神と人々に奉仕して生きるための模範になっています。

パウロはイエス・キリストを宣べ伝える宣教の旅のなかで、厳しい迫害を体験しました。パウロは宣教について語るとき、「わたしたちは、自分自身を宣べ伝えるのではなく、主であるイエス・キリストを宣べ伝えています。わたしたち自身は、イエスのためにあなたがたに仕える僕なのです」（二コリ4・5）と述べます。そして、「『闇から光が輝き出よ』と命じられた神は、わたしたちの心の内に輝いて、イエス・キリストの御顔に輝く神の栄光を悟る光を与えてくださいました」（二コリ4・6）と述べて、パウロが宣教生活の苦しみの闇のただなかに見出した神の栄光について語っています。そして、彼はキリスト者としての真の生き方について、以下のように述べています。

ところで、わたしたちは、このような宝を土の器に納めています。この並外れて偉大な力が神のものであって、わたしたちから出たものでないことが明らかになるために。わたしたちは、四方から苦しめられても行き詰らず、途方に暮れても失望せず、虐げられても見捨てられず、打ち倒されても滅ぼされない。わたしたちは、いつもイエスの死を体にまとっています、イエスの命がこの体に現れるために。わたしたちは生きている間、絶えずイエスのために死にさらされています、死ぬはずのこの身にイエスの命が現れるために。（二コリ4・7―11）

私たちが迫害のなかで苦しみを味わうとき、「四方から苦しめられても行き詰らず、途方に暮れても失望せず、虐げられても見捨てられず、打ち倒されても滅ぼされない」という不思議な体験をします。この体験を支えているのは、私たちがイエスの死と復活のいのちに与る信仰経験です。我々が迫害のなかで苦しみと死に直面するとき、イエスの死をこの身に体験します。そして、イエスの死に与るとき、イエスのいのちがこの身に現れるのを体験します。私たちがこの身にイエスの死を体験するとき、同時にイエスのいのちを体験するというのは、とても逆説的です。しかし、我々は日常生活のなかで、イエスの死といのちにふれる経験をとおして、さまざまな困難に直面しながらも、それらを乗り越えていくことができるのです。

このような逆説性を含むキリスト者の生き方について、パウロは以下のように述べています。

わたしたちは人を欺いているようでいて、誠実であり、人に知られていないようでいて、よく知られ、死にかかっているようで、このように生きており、罰せられているようで、殺されてはおらず、悲しんでいるようで、常に喜び、物乞いのようで、多くの人を富ませ、無一物のようで、すべてのものを所有しています。（二コリ6・8―10）

すると主は、「わたしの恵みはあなたに十分である。力は弱さの中でこそ十分に発揮されるのだ」と言われました。だから、キリストの力がわたしの内に宿るように、むしろ大いに喜んで自分の弱さを誇りましょう。それゆえ、わたしは弱さ、侮辱、窮乏、迫害、そして行き詰まりの状態にあっても、キリストのために満足しています。なぜなら、わたしは弱いときにこそ強いからです。（二コリ12・9―10）

このように、パウロは自らの体験にもとづく告白をとおして、一人ひとりの信徒が苦しみのなかで、イエスの死と復活のいのちに与りながら生きるという、真のキリスト者の生き方を示しています。

おわりに

本稿の主題は「義のために迫害される人々は、幸いである、天の国はその人たちのものである」（マタ5・10）という言葉の意味について考えることでした。本論の内容にもとづいて、以下に説明したいと思います。

新約聖書において神の義とは、イエス・キリストにおいて示される神の愛とゆるしです。神の愛とゆるしは、イエス・キリストにおいてイスラエルの民をとおして人類全体に与えられ、キリストを中心とする神の国において実現されます。最終的にはキリストの十字架の死と復活によって、人類に罪のゆるし、苦しみと死からの解放がもたらされ、人間の最終的な救いが確証されました。

神の義は神の意志に従って生きる者たちを、義なる者（正しい者）として認めて救いの恵みを与えます。新約聖書の場合、神の意志に従って生きる者たちとは、イエス・キリストを信じる者たちであり、キリストの模範に従って、神への愛と隣人愛を生きる者たちを意味します。私たちが真にキリストへの信仰を貫き、神への愛と隣人愛の実践に生きるとき、キリストを受け入れない人々から、さまざまな圧迫や迫害を受けることがあります。しかし、私たちが迫害の苦難に直面するとき、より深いレベルでイエスの死といのちに与ることができます。苦しみのなかで、イエスの死をこの身に体験し、それとともに、イエスの復活のいのちにふれることができます。そのとき、私たちは迫害の苦しみのただなかで、キリストの贖いの業による救いを体験し、苦しみを乗り越えていくことができるのです。そして、私たちがイエスの死といのちにより深く与るとき、キリストを中心とする神の国へと開かれていくのです。

「義のために迫害される人々は、幸いである、天の国はその人たちのものである」という言葉の意味は、私たち一人ひとりが迫害のなかで、イエスの死といのちに与る体験をとおして理解されるものであると思います。

仏教における幸福
――僧侶のより所――

下室　覚道

はじめに

そよ風にのって聖イグナチオ教会の鐘の音が聞こえてくる。越前喜六神父はお元気かなとお顔を思い浮かべる。私は上智大学からほど近い曹洞宗寺院の住職をしている。越前神父より与えられたテーマは「仏教における真の幸福」である。浅学な私の仏教理解では十分に応えられないこととは思うが、一僧侶として幸福とは何か考えてみたい。

まず、幸福になる為にはより所が必要であろう。実存哲学では人間のレゾンデートルは世界に投げられた宙ぶらりんの状態であるが故に、絶え間ない不安が個人を襲うという。あたかも高所より底なし沼に堕ちるような恐怖感・絶望感であろう。そうした不安に打ち克ち幸福に生きるためには、何らかのより所が必要である。赤児が母をより所とするように。

仏教徒にとってのより所は「三宝」といわれる。三宝とは仏と法と僧の三つであり、それらは宝の如く重要である。仏宝とは教えを説く仏、法宝とは仏が説く教え、僧宝とは教えを信じ実践する者であり、これらをより所として敬うことは、仏教徒の基本である。

仏教徒は帰依三宝が中心であり、最初に「南無帰依仏、南無帰依法、南無帰依僧」という「三帰依文」を唱える。「仏に帰依したてまつる、法に帰依したてまつる、僧に帰依したてまつる」ということである。

道元禅師（一二〇〇―一二五三）には次のような説示がある。

心をはげまして三宝をとなへたてまつり、南無帰依仏、南無帰依法、南無帰依僧と、となへたてまつらんことわすれず、ひまなく、となへたてまつるべし。すでに中有をすぎて、父母のほとりにちかずかんときも、あひかまへてあひかまへて、正知ありて託胎せん。処胎蔵にありても、三宝をとなへたてまつるべし。むまれおちんときも、となへたてまつらんこと、おこたらざらん。（『正法眼蔵』「仏道」）

三帰依文を中有（死んでから次に生まれ変わるまでの期間）の時や生まれ落ちる時でも（いつでも）唱えよと記している。道元禅師といえば坐禅、只管打坐というイメージが強いが、三帰依文をいつでも何処でも唱えよと説かれていることは留意しなければならない。

三帰依文はインドのサンスクリット語では「ブッダムシャラナムガッチャーミ」「ダンマムシャラナムガッチャーミ」「サンガムシャラナムガッチャーミ」という。シャラナとはシュリー「保護する、防ぐ」という動詞から作られた名詞で、「庇護物、小屋、住み家、避難」という意味で、漢訳では「帰依、保護」などと訳される。仏法僧をより所として生きて行く、暮らして行くのが仏教徒である。

本稿では、仏教における幸福に関して、この三宝をよすがとして、私なりに敷衍させて考えてみたい。

一　南無帰依仏――人格者への念いは幸福なり

仏とは仏陀（ブッダ）の略で、「覚者」「さとった者」という意味である。釈尊も修行されて仏になられた。生きとし生ける者の中で仏ほど優れた存在はない。仏には完全な智慧と広大な慈悲があるからである。仏は最高の人格者である。

「如来の十号」といわれる仏の徳をたたえる十種類の尊称がある。

①如来…如去とも。真如法界から来たって真如を悟り、如実に去りゆく者。
②応供…阿羅漢とも。一切の煩悩を断じて、供養を受けるに値する者。
③正遍知…正等覚者とも。正しくよく覚った者。
④明行足…明行具足者とも。明（智慧）と行（実践）を具えた者。
⑤善逝…正しく涅槃に達し、善く修行を完成し、適切な言葉を語る者。
⑥世間解…出世間（悟りの世界）だけでなく世間をよく理解している者。
⑦無上士…この上ない最上最高の者。
⑧調御丈夫…人々をよく指導する能力を持つ者。
⑨天人師…神々や人々の師、三界六道のすべての衆生を教化する師。
⑩仏・世尊…真理に目覚めた者。瑞徳を備えた者。

仏教徒はこのような福徳を具えた仏を賛嘆するために右記の如来の十号を「十仏名」としてたびたび念誦する。仏の功徳を念ずることは、仏弟子として当然であり、同時にそれは「仏随念」と呼ばれる修行でもある。初期の経典には次のような記述がある。

仏の弟子が、仏の九つの徳を思い浮かべると、弟子の心は貪（欲）から離れ、瞋（怒り）から離れ、痴（迷い）から離れる。また、弟子の心はその時、仏によって素直になる。心の素直な弟子は道理に基づき、快適になる。法に基づいて快適になる。快適になった者には喜びが生まれる。喜びが生まれた者の身は軽安になる。身が軽安な者は楽になる。楽しめる者の心は禅定を得る。（『増支部経典』「六集」）

仏の弟子は、常によく覚醒し昼夜を問わず仏を念じるが、それが一つの修行でもあり、それによって心が浄められ、喜びや禅定が生ずるという。

仏の素晴らしさを見たが、仏である釈尊、人格者である釈尊にも敵視する者がいた。一例として提婆達多を挙げる。提婆達多は釈尊の従兄弟であり弟子であった。しかし、驕慢の心を起こし釈尊の僧団を破壊し、釈尊にけがを負わせたのである。これはあたかも師イエスに対するユダのようである。提婆達多はこれによって無間地獄に堕ちたとされる。

人格者は尊敬されることはあっても、誹謗中傷されないと思いがちであるが、人格者であるからこそ、それを妬む者がいる。妬むのも妬まれるのも業によるとされるが詮方ないことである。すべての有情が救われることを願うが、どうしても地獄に行くような悪業を犯す者もいる。

ところで、私の属する曹洞宗は道元禅師を高祖として慕う。道元禅師は、鎌倉時代に京都でお生まれになった。三歳の時に父を亡くし、八歳で母の死にあうという悲しい体験を通じて世の無常を強く感じられ、出家の道へと傾き、十四歳で禅師は比叡山の天台座主公円僧正について出家得度された。その後、園城寺（三井寺）の公胤僧正を訪ね、そのすすめにより建仁寺へ参じられた道元禅師は、栄西禅師の高弟である明全和尚に師事された。

一二二四年、二十四歳のとき、求道の志をさらに強くした道元禅師は明全和尚とともに宋（中国）に渡られ正師を求め諸山をたずね、ついに天童山にて如浄禅師と邂逅した。道元禅師は如浄禅師を生涯の師として仰ぎ、坐禅修行に励まれ印可証明をうけた。二十八歳の時日本に帰国。帰国後直ちに、『普勧坐禅儀』や『正法眼蔵』など多くの著作を著されたが、迫害などにあい越前（福井県）の山中に移り永平寺を建立された。一二五三年に京都にて五十四歳でその生涯をとじられた。

私はこのような人生を歩まれた道元禅師に対しても、釈尊と同様思想的にも人格的にも優れていると感じ、尊崇する。道元禅師は中国に渡られ如浄禅師から曹洞宗の教えを授かるが、日本は、インドや中国に比べ仏教的に劣った国であると記している。

われらが卑賤、おもひやれば恐怖しつべし。中土をみず、中華にむまれず、聖をしらず、賢をみず、天上にのぼれる人いまだなし、人心ひとへにおろかなり。（『正法眼蔵』「行持下」）

又、この日本国は、海外の遠方なり。人のこころ至愚なり。むかしよりいまだ聖人うまれず、生知うまれず、いはんや学道の実士まれなり。（『正法眼蔵』「谿声山色」）

日本に対して、「小国辺地」「辺邦の愚蒙」「遠方之辺土」などと表現し、インドや中国から離れ劣った国であると見なしている。強烈な日本に対する劣等意識を感じる。

このように土地、国に対する劣等意識が強かったが、それにもかかわらず仏法に遇うことができたのは宿善によるものとされる。宿善とは宿殖善根の略で「前世で行ったよい行為。前世で積んだ善根」という意味である。

ひそかに観想すべし、後五百歳にうまれて、辺地遠島に処すれども、宿善くちずして古仏の威儀を正伝し、染汚せず、修証する、随喜歓喜すべし。（『正法眼蔵』「洗面」）

古仏の威儀とはここでは「洗面作法」である。宿善というと浄土真宗の教えと見なす方も多いが、むしろ道元禅師の中心的な教えであると思う。

われら、仏生国をへだつること十万余里の山海はるかにして通じがたしといへども、宿善のあひもよほすところ、山海に擁塞せられず、辺鄙の愚蒙、きらはるることなし。この正法にあふたてまつり、あくまで日夜に修習す、この袈裟を受持したてまつり、常恒に頂戴護持す。ただ一仏二仏のみもとにして、功徳を修せるのみならんや、すでに恒河沙等の諸仏のみもとにして、もろもろの功徳を修せるなるべし。(『正法眼蔵』「袈裟功徳」)

日本国という僻地に生まれたのであるが、諸仏のもとにおける宿善によって仏法に遇い、袈裟を受持することができたと記している。日本は仏教発祥の地であるインドから遠く離れ、正しく仏教を教える正師(正しい師匠)もいないから仏法に遭うことは難しかった。しかし、宿善によって仏法に出会えたことを喜びをもって記している。

仏教では六道輪廻ということが言われる。天から地獄まで六つの世界があり、業によって流転輪廻するという。六道の中の「地獄・餓鬼・畜生」を三悪趣という。畜生とは動物世界であるが、これらに生まれることが何故「悪趣」かといえば、非常な苦しみの世界だからという理由だけではない。苦し過ぎて仏道修行が困難だからである。つまり、環境の良し悪しは、仏道修行が可能か否かが判断基準なのである。そして輪廻のそれぞれの世界で仏道修行に励み、功徳を積みかさねることを積功累徳といい、道元禅師は大変重要視されている。

いまわれら宿善根力にひかれて、最勝の身をえたり。歓喜・随喜して出家・受戒すべきものなり。最勝の善身をいたづらにして、露命を無常の風にまかすることなかれ。出家の生生をかさねて、積功累徳ならん。（『正法眼蔵』「出家功徳」）

しかあればすなはち、袈裟を受持せんは、宿善、よろこぶべし、積功累徳、うたがふべからず。いまだえざらんは、ねがふべし、今生いそぎ、その、はじめて下種せんことをいとなむべし。（『正法眼蔵』「袈裟功徳」）

過去世に良い行いをすることが重要であり、その事によって現在世が良くなる。輪廻の何処にあっても生生世世に功徳を積むことが大切であるという。

道元禅師は、「人身得ること難し、仏法遭うことまれなり」と説かれる。人間に生まれることは難しく、仏法に出会うことはもっと難しい。これはいずこの仏教でも説かれる普遍的な教えである。釈尊も「盲亀浮木」の譬えを用い、「人間の身は受けがたい」（『ダンマパダ』）と説かれている。道元禅師は人間として生まれ、仏法に遇うことは千載一遇であり、宿善によって人間に生まれたのであるから、この機会に一日でも仏法のために命を捨てたならば無量の功徳になると説示されている。

私は道元禅師の人生や説示から自己の半生を見つめる時がある。私が四歳の時に両親が離婚し、叔母が嫁いだ寺に養子に入った。寺には跡継ぎがいなかったからでもある。それ故、四歳の時に僧侶になることは決定していた。このことは不可思議なご縁と感じるし、宿善の力によって僧侶になることができたと有難く受け取っている。現世において善根を積む最たるものは僧侶になることだと道元禅師は記している。ただただ有難い。

ところで、真面目で几帳面で博学で、真摯な仏道修行を続けられた道元禅師にも何度か苦労があった。その一つは晩年の一二四七年、執権北条時頼の特請を受け鎌倉に赴き、教化されたことである。結局、教化は失敗し永平寺に帰山されるが、もしも鎌倉幕府に受け入れられていれば、臨済宗のようになっていたかもしれない。鎌倉・室町時代における臨済宗の勢いは突出していた。武士に受け入れられたためか、臨済宗僧侶には今でも力強さを感じるし、時の権力者と交わったためか臨済宗の有する文化財は大変価値あるものが多い。

また、鎌倉時代には多くの宗派の祖師方が輩出したが、道元禅師はその中で最も若くして亡くなられた。中国に渡られたことや極寒の永平寺に住したことなどが原因かもしれない。晩年には「夭折」という文字が記されている。もう少し寿命があれば、著述の巻数も増えたであろう。残念であるが、このような苦労にも私は共感をもつ。

以上、釈尊と道元禅師を見てきたが、恩師奈良康明先生も私には貴重な出会いであり、尊崇の対象である。釈尊と道元禅師は仏典や書物を通してのみその人格に触れることができるが、奈良先生には実際にお会いし、謦咳に接することができたことは大変有難かった。

先生は長年ＮＨＫ教育番組の「宗教の時間」を担当されており、子供の頃テレビで拝見していた。話しの仕方、表情から推察される姿に子供ながら素晴らしい先生であると感じた。駒大に入学し、一年時には履修はなかったが先生の授業を拝聴した。テレビと同じであった。分かりやすく、懇切丁寧にご教示されていた。また、先生は大学院の時の指導教授でもあったが、有り難いご縁をいただいて先生が住職をされているお寺でお手伝いさせていただいた。素晴らしい人格に接すると必ず影響を受ける。学恩には報いることはできなかったが、一弟子として拝することができるのはこの上ない幸せである。

立派な人格者、「善友」に見えることは簡単なことではない。しかし自分を改良したい、改善したいと思うなら、道徳的で立派な人や人格に触れ、善友とつきあうことである。

一日、示云く、古人云く、「霧の中を行けば覚えざるに衣しめる」と。よき人に近けば、覚えざるによき人となるなり。(『正法眼蔵随聞記』巻五)

濃い霧のなかを歩いていると、いつの間にか衣服が湿っているように、身を置く環境によって無意識のうちに受ける影響というものがある。善い人のそばにいれば、意識せずとも善い影響を受ける。悪い人のそばにいれば、自ずと悪い方向へと流れていく。このように私たちは知らず知らずのうちに周りの影響を受けている。

二　南無帰依法――正しい教えに従うは幸福なり

釈尊の最後の説法に、「自灯明、法灯明」がある。自己に頼れ、法に頼れ。仏法をより所として生きていくべきことを示すものである。法はダルマの漢訳。ダルマは真理、法則という意味である。釈尊の教えそのものである。

仏法の特徴を「法印」という。三法印とか四法印と言われる。四法印とは「諸行無常、諸法無我、一切行苦、涅槃寂静」の四つである。その内の「一切行苦」を見てみよう。「一切皆苦」ともいわれ、一切の現象法が苦しみであるという。ギリシャの哲学者が、全ての根元は水であるとか、数であるなどと語ったが、釈尊も世の中を観察して発見したのが「すべての現象は苦である」という答えであった。仏教は苦しみから出発する。釈尊が出家を決意した理由も「老・病・死」の苦を解決するためだった。

苦しみを具体的に表したのが「四苦八苦」である。全部で八つの苦がある。最初の四苦は「生まれる苦しみ、老いる苦しみ、病む苦しみ、死ぬ苦しみ」である。これは、男女や貧富に関係なく、人として生まれてきた者が必ず経験しなければならない人生の根本苦である。この四苦に、「愛する人と別れなければならない苦、怨み憎んでいる人と会わなければならない苦、求めるものが得られない苦、五陰盛苦」の四つを加えれば八苦となる。

これらの苦しみは皆経験していることだと思う。私自身においても、病気になり、最近は老いを感じる。愛する人との別れは辛く悲しく、欲しい物が得られない時はがっかりする。それぞれの苦しみを経験する度に釈尊の言葉が真実であると頷く。

仏教は苦を出発点とするが、仏教は苦を滅することも教える。それには「八聖道」という八つの実践法がある。すなわち正見（かたよらない見方）・正思惟（かたよらない考え方）・正語（かたよらない言説）・正業（正しい行い）・正命（正しい生活）・正精進（正しい努力）・正念（正しい思念）・正定（正しい禅定）の八を指す。八正道は仏教における実践論の基本である。

もう一つの法印である「諸法無我」を見てみよう。「諸法無我」とは「あらゆる存在の中には我（アートマン）はない」「全てのものは因縁によって生じたものであって実体がない」という意味である。我々はどうしても自己を実体的に捉えてしまう。しかし、実体的な「私はない」、そして私はないから、「私の物もない」という。

とても不可思議な教えであるが、根本的にはそうであろう。実体としてあるように見えてしまうし感じてしまうが、すべて逃げていく。金銭も地位も妻も子も全ては私のものではない。くっついているように見えるだけである。私自身も私ではない。死が訪れた時、得た物はすべて置いていかなければならない。一つも自分のものではない。家族がいても家族を残して自分が死ぬ。あるいは、家族が自分を残して先に死んでしまうこともある。

そして、「無我」であるからこそ自分は中心でなく、「法」を中心としなければならない。そもそも自分がないので、自分中心は不可能である。無我であるからどうでも良いということではなく、法に従って生きて行くことが幸福である。

曹洞宗では「如法」ということを重視する。利己的な自分を捨てて、仏法に従っていくのである。道元禅師は「謂ゆるの道理は日日の生命を等閑にせず、私に費やさざらんと行持するなり」と記し、一日一日は貴重であるからなおざりにせずに、私中心でなく仏法に従って修行しなさいと説かれている。エゴのかたまりの私を捨てて、法に準じていくことを最上の生き方とする。これは戒律に従って生きて行くといってもよい。どの宗教にもその捉え方は異なる面もあるが戒律というものがある。己を捨てて戒律に従って生きて行くことは幸福である。

禅の修行道場では、集団生活の規則に従い、皆と同じ事をしなければならない。道元禅師は「動静大衆に一如し、群を抜けて益なし」と示している。世間では抜群が尊ばれるが、こと禅の修行生活においては抜群は否定される。

このように、法に従う、ルールに随うことが幸福、幸福への道である。南方上座部の僧侶は二百以上の戒律に従って生活している。つまり、戒律の条項を全て熟知しており、日々の生活に注意しながら生きているのである。戒律にはないが、日常生活における靴やスリッパのぬぎ方まで如法ということが言われる。

宮崎奕保禅師（一九〇一―二〇〇八）は「自分の抜いだスリッパが揃っていなければ自分の心が曲がっている」線香がまっすぐに立っていなければ自分の心が歪んでいる。と仰られ、曲がった線香を直させたという。同じく橋本恵光老師（一八九〇―一九六五）も坐禅をする単の高さなどすべての面で細かく如法かどうかチェックされていた。たえず、これは正しいか正しくないかをチェックしながら生きて行くことは大切であり幸福を導く。念を入れて行動するので失敗も少ない。

三　帰依僧――貧と静と安楽に住するは幸福なり

僧はサンガといい僧伽と音訳され、「和合衆」と漢訳される。道元禅師は「堂中の衆は乳水の如くに和合して、互いに道業を一興すべし」（『重雲堂式』）と示している。この言葉は私が駒澤大学の学生寮（僧侶専用）に入り、最初に覚えさせられた言葉である。当時正面玄関に「和合訓」として額が掲げられていた。牛乳と水がすばやく交じり合うように、寮生は和合して共に仏道を歩みなさいという意味である。

釈尊の教えに従い、坐禅修行に励み、学識や知恵を備える者たちの集団である僧伽をより所とすることは、幸福である。先に、最高の人格者である仏をより所とし、尊崇思慕し、念ずることが重要であると述べた。仏の功徳や光輝く仏の姿を念うのである。

念仏も重要であるが、さらに「成仏」も重要である。仏に成るということである。小学生の時、駆け足の速い友だちを見ると、私も彼のように速くなりたいと思ったものである。この中には彼への憧れ、尊敬の気持ちがある。同様に、「成仏」とは仏という完全な人格者を思慕し、さらに仏に成ろうと努力し、そして仏に成ることである。仏教とは「仏の教え」であり、「仏に成るための教え」でもある。それには努力実践が必要である。修行する者達の集まりが僧伽である。

道元禅師によれば、その人の「徳」があらわれるのに三段階あるという。まず第一段階はその人がその道を修行していると知られるようになること。第二段階はその道を慕う者が出てくること。第三段階はその道をともに同じく学び修するようになることであるという（『正法眼蔵随聞記』三）。このお示しから見れば、我々は仏や祖師方の徳を知ることが第一であり、次にその道を慕い、最終的に仏や祖師が歩む道を自らが進んでいくようになる、近づこうと精進・努力することが大切である。

この「実践、修道」に関して、私はキリスト教修道士の生き方に共感をもつ。というのも、禅とカトリックとは類似する面が多々あり、現在交流がなされているからである。私は永平寺安居時代に役寮であった峰岸正典老師に引率されて「世界宗教者平和会議に出席」させていただいた。その研修中、南ドイツにあるベネディクト会聖オッティリエン修道院に宿泊したことがあり、大変感銘を受けた。峯岸老師は禅宗の僧堂とカトリックの修道院とを比較し、双方の根底に横たわる共通性を次のように指摘している。

僧堂と修道院では、集団の中で個として自立しながら自己を献げる生き方が模索されるという点において共通するところが見られる。僧堂では〈仏道に自己を献げる生き方〉

が摸索され、修道院では〈神に自己を献げる生き方〉が求められる。なぜなら自己を献げて生きる生き方自体に意味があるとされているからである。つまり、僧堂や修道院は〈宗教的「共同体」として、自己の献身を通じて、そこで自己が宗教的に熟成するところ〉としてその存在が意義づけられると考えられる。

さらに、僧堂と修道院ともに集団で生活し、一日のサイクルが決まっており、生涯をかけての修行・修道を志すという共通性もある。

また、西欧修道士の父ベネディクトゥス（四八〇頃―五四七）は西方教会における修道制度の創設者と呼ばれる。「清貧・貞潔・従順」を説き、「祈り、働け」をモットーとして純粋な信仰を深めようとした。この修道制度と禅の僧堂の規則とが大変重なってくる。清貧・貞潔・従順という三つの誓願は、僧堂でも求められる重要な事柄である。

特に「清貧」に関して、イエスも「山上の説教」において「心の貧しい人びとは、幸いである、天の国はその人たちのものである」と教えを垂れている。百瀬文晃神父は、

人間はつい、財産や地位を追い求めて、自分の安住と小さな幸せを築きあげようとしてあくせくとしています。ともすれば、富や名誉などを最高の価値とし、自分の造りあげ

た偶像をいちばん大切にしています。

として、このような生き方は「自分自身を世界の中心に据える生き方」であるが、イエスの教える生き方は、「神を中心にする生き方」であると述べている。

ヒルティ『幸福論』にも、「いつか必ず死ぬことを考えるなら、現世での財産や地位などに執着していても仕方ない」とあって、財産や地位という世俗の価値観では幸福になれないと記している。富のような物質的な幸福を追求することは真の幸福には至らないという。

釈尊も「たとえ金貨の雨が降ろうとも、諸々の欲が満たされることはない」(『ダンマパダ』)と説かれており、欲望の充足を求めても幸せにはならないという。道元禅師もいたるところに「貧」を説く。

学道の人は、先づすべからく貧なるべし。財多ければ必ずその志を失ふ。在家学道の者、なお財宝にまとはり、居所を貪り、眷属に交はれば、直饒その志ありと云へども、障道の縁多し。古来俗人の参ずる多けれども、その中によしと云へども、なほ僧には及ばず。僧は一衣一鉢の外は財宝を持たず、居所を思はず、衣食を貪らざる間、一向に学道す。是れは分々皆得益有るなり。その故は、貧なるが道に親しきなり。(『正法眼蔵随聞

記』巻四）

仏道修行者は、まず貧しくあるべきである。財産が多いと、必ず志を失う。僧侶は一衣一鉢があれば十分であり、住む場所に思い煩わず衣食を貪らずにひとすじに仏道修行する者である。貧しくあることこそ、仏道への道であると説かれている。財産や地位を求めても、決してこれで十分という満足は得られないし、学道の志もおろそかになってしまう。清貧という「簡素な生活」が幸せへの道であろう。

清貧とともに「静けさ」も重要である。キリスト教においても「安息」が求められるが、禅の生活においても静けさは尊ばれる。曹洞宗の修行道場には「三黙道場」という言葉を発することが禁じられる場所がある。具体的には、東司（トイレ）、浴室（風呂場）、坐禅堂である。

数年前、「大いなる沈黙――グランド・シャルトルーズ修道院」というフランス・スイス・ドイツの合作映画を見た。カルトジオ会に属するフランスの男子修道院、グランド・シャルトルーズの内部を初めて詳細にとらえ、修道士たちの日々を粛々と描く三時間弱のドキュメンタリー映画であった。生涯を己と神の対話のみに捧げ、静けさの中に悟りを見出す修道生活。彼らは社会と隔絶されているのみならず、日曜の昼食後に設けられている散歩の時間以外会話は許されていない。静寂が保たれ、俗世間とは異なる時間が流れていく。私が三十年以上前に修行させていただいた永平寺の生活と共通する面が多々あり感銘を受けた。

映画はほぼ静けさに包まれているが、唯一、修道士たちが言葉を交わすことのできる日に、雪山の斜面で無邪気に雪遊びを楽しむ修道士が共に笑いを重ねるというシーンがあった。これも禅の修行道場における四九日《しくにち》（四と九のつく日に、掃除、開浴、剃髪をする）との共通性を覚えた。つまり、規則正しく法に従った生活が重要であるが、時には休みや遊びも必要なのである。いずれにせよ、静けさのある生活は幸福である。

生き方として、規則正しく、質素で目立たず、静寂で貧なる生き方が宗教的に価値があると思う。それが幸せへの道であり東西を問うことはない。キリスト教徒も仏教徒も、幸福を求めることに変わりはない。そのような環境に身を置ける恵みに感謝しなければならない。

一日二十四時間の生活すべてが修行である。

ところで、曹洞宗は「坐禅」を重視する。道元禅師は、

諸仏如来、ともに妙法を単伝して、阿耨菩提を証するに、最上無為の妙術あり。これ、ただほとけ、仏にさづけてよこしまなることなきは、すなはち自受用三昧、その標準なり。この三昧に遊化するに、端坐参禅を正門とせり。（『正法眼蔵』「辨道話」）

として、様々な修行はあるが坐禅を正しい門とみなされている。坐禅というときつく、厳しいものと思う方が多い。確かに、足も痺れ痛むし、厳しい面はある。しかし、道元禅師は「坐禅はすなはち安楽の法門なり」（『辨道話』）と見なされている。坐禅は安楽の法門であり、幸せへの道である。坐禅は我慢比べではない。もしも我慢比べであれば、坐禅を行なう環境に対して道元禅師は「冬暖夏涼を旨とする」と記すことはないと思う。適切な環境で正しく座ることが大切である。

日本人は厳しさ、つらさに耐えることを重んずる傾向がある。「永平寺でのご修行つらかったでしょう」とよく檀信徒から問われる。雪の永平寺、寒さ、睡眠不足、空腹状況を思い浮かべてのことであろう。もちろんそのような極限状況を経験すれば、通常では得られないものを得ることはあると思うし、厳しさ、緊張感はある程度必要である。しかし、苦しむために修行や坐禅をするわけではない。

道元禅師が中国での修業時代にある僧侶と交わした記録がある。

一日示して云く、我れ在宋の時、禅院にして古人の語録を見し時、ある西川の僧の道者にて有りしが、我れに問うて云く、「なにの用ぞ」。云く、「郷里に帰って人を化せん」。

僧云く、「なにの用ぞ」。云く、「利生のためなり」。僧云く、「畢竟じて何の用ぞ」と。予、後にこの理を案ずるに、語録公案等を見て、古人の行履をも知り、あるいは迷者のために説き聞かしめん、皆是れ自行化他のために無用なり。只管打坐して大事を明らめ、心の理を明らめなば、後には一字を知らずとも、他に開示せんに、用ひ尽くすべからず。故に彼の僧、畢竟じて何の用ぞとは云ひけると、是レ真実の道理なりと思うて、その後語録等を見る事をとどめて、一向に打坐して大事を明らめ得たり。(『正法眼蔵随聞記』三)

ある僧侶が道元禅師が古人の語録を読んでいた時に質問した。「何をしてるのか」、道元禅師「日本に帰って人々を教化したい」、「何をするのか」、道元禅師「人々を救うためです」、「結局何をするのか」。この問答で、「畢竟じて何の用ぞ」と畳みかけるように質問していくところは禅僧らしいと感じる。道元禅師はこの問答を振り返って、語録や公案を見ても自分のためにも世の人々のためにも無用であり、只管打坐して大事を明らめれば、ついには一字を知らなくても他の人たちに伝えるためには自由であると知った。キリスト教においても「祈り」「黙想」「観想」など外的沈黙から内的やすらぎを得る修行があるように、「坐禅」によって大事を明らめ、身心脱落の境涯を味わう。これは幸せなことである。

おわりに

三宝をよすがとして幸福について記してきた。三宝は仏教において重要な尊崇対象であるが、他の宗教でも、礼拝対象があり、教えがあり、実践者がいることに変わりない。

私は、宗教、民族、国家による基本的な相違はないと考えている。どの国民、どの宗教者にも良い人もいれば悪い人もいる（ただし、その国の体制などの影響により権威主義的、差別主義的、人権意識が低い者もいる）。そして、我々は必ず近い者より影響を受けるから、良い環境、良い人（善友）にできる限り近づかなくてはならない。つまり、良い方向に向かって生きていくのが幸福であると考える。

道元禅師は我々の存在を「光明の種子」と呼んでいる。それぞれが光明の種子であり、良い土壌を選んで自らを育んでいかなければならない。さらに、光であるから周囲に良い影響を与えなくてはならない。

また、凡そどの宗教でも貧が求められる。一般社会の価値観は地位や財産を求めることにあるが、宗教はそれとは異なる価値観をもつ。地位や財産を求めることは生きて行く原動力ともなろうが、行き過ぎは破滅に陥る。仏教的に言えば「小欲・知足」が重要である。

私の実父は、音響機器や骨董品を収集することが趣味であったが、その収集が度が過ぎたために家庭を崩壊させた。集めるという行為、何かをコレクトすることが趣味である方は多いが、過度の収集は危険である。何でも欲しい物を手に入れようとすると破滅に陥る。

近年「持続可能な社会」が重要な課題となっており、それへの取り組みが世界で広がりつつある。「持続可能な社会」とは「地球環境や自然環境が適切に保全され、将来の世代が必要とするものを損なうことなく、現在の世代の要求を満たすような開発が行われている社会」と言われる。それにはより少ない集積と消費により資源を使い過ぎることなく、我々の生活基盤である地球環境の悪化をくい止め、将来の世代が犠牲にならないようにしなければならない。

次世代のことを考えて行動するのは幸福である。曹洞宗では朝課（朝のお勤め）で過去七仏という釈尊以前の仏からインド、中国、日本に仏教を伝えた歴代祖師を経て、自分の本師までの仏祖方の名前を唱える。今日まで脈々と仏法が伝えられ、代々続いてきたことにより我々が仏道を実践することができることの確認と感謝報恩行である。

ところで、私は現在二ケ寺の住職を任されている。一ケ寺は千葉県の東泉寺、私が育った寺で五五〇年以上の歴史がある。私は三十七代目である。もう一ケ寺は東京都の養国寺で三十一代目である。東泉寺は長い歴史を有するが檀家数が少なく、法事葬儀のみでの経営は無理である。私の本師は中学校の教師をして何とか寺を維持していた。私も大学に勤めながら寺を守っていたが、十年程前に養国寺を兼務することになった。昨年三月大学を早期に退職し、二ケ寺の住職に専念している。つまり二ヶ寺を兼務することによりそれぞれの経営が成り立っている。

ご縁により住職になったが、私の代をきちっと全うし、次の代につないでいくのが義務であり、使命と責任がある。先に、自己を捨てて法を重くすることを記したが、寺を中心に物事を考えている。寺の事業をする度に、次の代で困ることはないかと思案しながら行っている。重責を担うがこれも幸せなことである。

釈尊は本来、百歳の寿命であったが、二十年を弟子達のために施し、八十歳で涅槃に入られたという。それに関して道元禅師は、

然れば、出家人は、学仏の力によりて、食分も尽くべからず。白毫の一相、二十年の遺恩、歴劫に受用すとも、尽くべきに非ず。行道を専にし、衣食を求むべきにあらざるなり。（『正法眼蔵随聞記』二）

として、釈尊の二十年の遺恩（遺因）があるため、出家者は衣食などを求めず、専一に修行

すべきであると説かれている。我々も釈尊にならい後世の人のことを考えながら行動しなければならないし、それが幸福への道なのである。

最後に、大学を退職し、コロナ禍で作務中心の生活になっていた折、幸福に関して改めて考える機会をいただいた。越前喜六神父に深く感謝申し上げ、擱筆する。

「幸せ」の断想

木村　恵子

はじめに

「幸せ」について考えるとき、私の心に真っ先に浮かぶのが、あのチルチルとミチルの『青い鳥』のお話です。この兄妹のところに魔法使いのおばあさんがやってきて、自分の孫が病気で苦しんでいる。助けるために「幸せの青い鳥」を見つけてほしいと頼むのです。二人は妖精に導かれながら「思い出の国」「夜の御殿」「贅沢の御殿」「未来の国」などさまざまな場所を訪れるのですが、どうしても青い鳥を見つけることができませんでした。そんな時「起きなさい、今日はクリスマスですよ」というお母さんの声に、二人はベッドの上で目を覚まします。夢だったのです。そして、部屋にある鳥籠を見ると、そこに青い羽の鳥を見つけたのでした。

本当の幸せは手の届く身近なところにあるのだということに気づいたのです。二人が訪れた過去の「思い出の国」や「未来の国」ではなく、今生きている「現実」にこそ、幸せはあるというのです。

私たちは、常に周りと比べながら、今よりもっと幸せになりたいと、幸せを求め続けているのではないでしょうか。

「山のあなたの空遠く、幸い住むと人のいう」という上田敏によって訳され美しい日本語の詩になっているカール・ブッセの有名な詩があります。

山のあなたの　空遠く
「幸」住むと　人のいふ
噫（ああ）われひとと　尋（と）めゆきて
涙さしぐみ　かへりきぬ
山のあなたに　なほ遠く
「幸」住むと　人のいふ

ここでもやはり、幸せを求めて山の彼方まで行っては見たものの、見つけることができず泣く泣く帰ってくるのです。もっともっと遠くの山の向こうに行けば幸いは見つかるのでしょうか。

本稿では、いくつかの側面から「幸せ」について考察してみたいと思います。

「幸せ」を測定することは可能なのか?

日本の子どもの幸福度は最下位

二〇二〇年九月に発表されたユニセフ・イノチェンティ研究所の報告書「レポートカード16――子供達に影響する世界：先進国の子供の幸福度を形作るものは何か（Worlds of Influence: Understanding what shaped child well-being in rich countries)」は先進・新興国三八か国に住む子どもの幸福度を調査した報告書です。全般的な国状況↓子どものための政策↓家庭や地域の資源↓保護者の職場・学校・地域とのネットワーク↓子ども自身の人間関係↓子供自身の行動など、子供の「幸福度」を多層的、多面的な新たなモデルを使って分析したものです。そして、その結果を「身体的」、「スキル」、「精神的」、の三つの側面から見ています。それによると、日本の子どもの総合順位は二〇位でした。ちなみに、総合順位の一位はオランダ、二位デンマーク、三位ノルウェーです。

身体的健康は一位なのに、スキルは二七位、精神的な幸福度は三八か国中三七位で最低レベルという両極端な結果に驚かされます。

「身体的健康」に関しては、日本の子どもは世界に誇れる結果が出ています。日本の子どもの死亡率はとても低く、これは効率的な医療・保険制度を有していること、過体重・肥満については、多くの国でその割合が急増していますが、日本は二位に大きく差をつける一位で、これは食生活やライフスタイルなどによるものだと思われます。

「スキル」に関しては、学力の指標である数学、読解力で基礎的習熟度に達している子どもの割合を見ると、日本はトップ五に入っています。けれども一方で、社会的スキルを見ると、「すぐに友だちができる」などの質問に三〇%以上の子どもがそうは思っていないという結果で、最下位から二番目という結果でした。

「精神的幸福度」三七位の低さの原因はどこにあるのでしょうか。精神的幸福度の指標の一つである「生活満足度」の設問に対して「満足している」と答えた割合は平均で七六%だったのに対して、日本はワースト二位の六二%でした。「困った時に頼れる人がいる」と答えた人の割合が最も低いレベルで、子どもの自殺率では一五~二四歳の自殺率は先進国の中でワースト一位でした。

この報告書の制作者の一人は、日本へのメッセージとして、こう述べています。「どの国にも言えることですが、まず、子どもや若者へのメンタルヘルスのサービスの提供を真剣に考えなくてはなりません。精神的健康も健康の一環であり、身体的健康と同じくらい重要なことと考えることが大切です。二点目に政府が新型コロナ感染症への対応を考える時、効果や影響を検討すると思いますが、その際、経済面に偏りすぎず、子どもたちの身体的、精神的健康等への影響も必ず考慮に入れてほしいと思います。三点目は、何かを変える時に人々の意識を変えることから始めなければならないということです。例えばいじめは、昔の考えではたいしたことではなかったのですが、今の考えでは、長期的に人生に影を落とす深刻な問題です。意識が変われば、それが保護者、学校を含め、人々の行動変容に繋がっていくと思います」。

東京都立大学教授及び、子ども・若者貧困研究センター長・阿部彩氏は、結果について「日本の子どもの幸福度を上げるために必要なのは、最も幸福度が低い状況に置かれている格差の底辺にいる子どもたちと、その家族の状況を改善することです。いじめに遭いやすい貧困世帯の子どもや、ワーク・ライフ・バランスなど考えることもできない非正規労働の保護者、子どもを保育所に預けることもできない家庭。一番底辺の人々の状況を改善し、格差を縮小することで、『すぐに友達ができる』子ども、困っている時に頼れる人がいる、そして、生活に満足する子どもが増えるのではないでしょうか」と語っています。

日本人の幸福度は世界六二位

それでは日本人全体についての幸福度はどうなのでしょう。

国際連合の持続可能解決ソリューションネットワーク（SDSN）が二〇二〇年度版の「世界幸福度報告書（World Happiness Report 2021）」を二〇二一年三月に発行しました。それによると幸福度の首位はコロナ禍にあっても四年連続でフィンランド、そして日本は一五三か国中六二位でした。米国は今、苦難の時期を迎えているものの、昨年の一八位から順位を四つ上げ、カナダを抜いて一四位に上昇しました。

この調査は以下の六項目のアンケート調査の結果により作成されました。

1. 人口あたりのGNP
2. 社会的支援（ソーシャルサポート、困った時に頼ることができる親戚や友人がいるか）
3. 健康寿命
4. 人生の選択の自由度（人生で何をするかの選択の自由に満足しているか）
5. 寛容さ（過去一か月の間にチャリティーなど寄付をしたことがあるか）

6．腐敗の認識（不満、悲しみ、怒りの少なさ、社会、政府の腐敗が蔓延していないか）

新型コロナウイルス感染症により、多くの人が日常生活にさまざまな制約を強いられてきました。そのため、「幸福度は下がるのではないか」と広く予想されていましたが、報告では、新型コロナウイルスが人々の幸福度に対し、思ったほど大きな影響を与えませんでした。その理由として、「新型コロナウイルス感染症（COVID-19）は、世界全体に影響する共通の外的脅威だと大勢が見なし、それにより連帯感や仲間意識が高まったことが、理由の一つと考えられる」と指摘しています。

ランキングは通常、米調査会社ギャラップが行う世界世論調査のデータに基づいていますが、今年は複数の国で対面式の聞き取り調査が行えなかったことから、今年は特に新型コロナウイルスと幸福度の関係に焦点が当てられました。

報告書作成に関わったカナダ・ブリティッシュコロンビア大学のジョン・ヘリウェル教授は「人々に自分の生活を自己評価してもらったところ、驚くことに、幸福度の平均は下がっていなかった」と説明。「新型コロナウイルスを、全ての人に影響する共通の外的脅威として認識したことで、団結や仲間意識が強まったことが理由かもしれない」と述べています。

今年の特徴としては、アジア諸国の多くが順位を上げたことです。韓国開発研究院（KDI）の王順氏は「東アジアの経験からは、厳しい政府の方針により新型コロナウイルス流行が効果的に抑えられる上、日々の感染者数が人々の幸福度にもたらす悪影響を緩和できることが示されている」と述べています。一二位のオーストラリアや九位のニュージーランドも同じような理由で成功を収めています。報告書は「政府が行動を起こすと人々の士気が向上することが証拠から示されている」と説明しています。

報告書では、幸福な国だけでなく、不幸な国も分析。今年はアフガニスタンやジンバブエ、タンザニア、ヨルダンなどが幸福度の低い国として挙げられました。

今年の幸福な国ランキング上位二〇か国は次の通りでした。

一位フィンランド、二位アイスランド、三位デンマーク、四位スイス、五位オランダ、六位スウェーデン、七位ドイツ、八位ノルウェー、九位ニュージーランド、一〇位オーストリア、一一位イスラエル、一二位オーストラリア、一三位アイルランド、一四位アメリカ、一五位カナダ、一六位チェコ、一七位ベルギー、一八位英国、一九位台湾、二〇位フランス。

四年連続首位となったフィンランドについてその理由を分析して見ました。米ジョンズ・ホプキンス大学の集計によると、人口約五五〇万人のフィンランドは新型コロナウイルス感染症による死者数は八〇五人と、欧州諸国の大半の半分以下に抑え込むことができています。「World Happiness Report 2021」では、フィンランドは「パンデミックの最中、人命と生活を守るのに役立つ、他者との相互の信頼関係に関する複数の指標で非常に高い順位を示した」と指摘しています。ここから、新型コロナウイルスの幸福度への悪影響より、コロナ禍で得た「他者との連帯感や仲間意識、繋がり」の方が幸福度に大きなプラスの影響を与えたと理解できます。

日本について評価の低かった項目は「寛容さ」と「主観的満足度」でした。「人生選択の自由さ」は七七位、「寛大さ」は一四八位という結果です。寛容さは「一か月以内に寄付をしたか」が設問になっていて、寄付文化の薄い日本では加点しにくいところです。また主観的満足度は人生評価において、楽しいか、辛いか、という主観質問への回答で、日本人は主観レベルが非常に低いことがわかります。

フィンランド人の幸せにはさまざまな要因がありますが、国土の九〇％以上を森林や湖が占めるフィンランドでは、多くの人が自然やアウトドアとのつながりが幸福度に大きく関係していると感じます。

「幸せ」の追求七五年の記録

「幸せな人生を送る秘訣」というテーマで、七〇〇人を七五年にわたって、その心と健康を追跡した「ハーバード成人発達研究（Harvard Study of Adult Development）」と呼ばれる研究があります。この研究は一九三九年に始まりましたが、ボストンで育った貧しい男性四六五人と、ハーバード大学を卒業した男性二六六人の二つのチームを、それぞれ細かく調査してきました。なぜ男性だけかというと、この時代、ハーバード大学には男子学生しか入学を許されていなかったからなのです。

第二次世界大戦以前から、研究チームは血液のサンプルを分析し、脳スキャンが発明されてからはそれを導入し、アンケートの回答を詳しく分析し、実際に面談して話をするなどして調査結果をまとめてきました。期間がこれだけ長くなると、調査に取り組む研究者も一世代ではまかない切れませんし、対象となった被験者も九〇歳を越しています。

そして、この長期にわたる調査でわかったことは、人間の幸福度に最も影響を与えるのは「あたたかな人間関係を築くことができたかどうか」だと結論づけています。

幸福度の高かった上位一〇％の人は、下位一〇％の人と比較して、両者の最大の違いが「あたたかい人間関係」を人生で築くことができたかどうかだったというのです。

ハーバード成人発達研究所のディレクターを務めるウオルディンガー教授（Dr. Robert Waldinger）は、「七五年間に及ぶこの研究結果が明確に示しているポイントは、良い人間関係が私たちの幸福と健康を高めてくれるということです。これが結論です」と明言しています。

人々の幸福が、どれだけお金を貯めたか、どれだけ社会的に高い地位を得たか、どれだけ業績を残したか、というようなことではなく、幸福や人生の豊かさをもたらしてくれる最大の要因は、基本的には「愛」だというのです。

具体的にいうと、頼れる人がそばにいるという環境には、神経系が緊張から解放される、脳の健康が保たれる期間が長くなる、心と体の苦痛が和らげられるなどの効果があることをこの研究は明らかにしています。

そしてこの研究では「孤独」を感じている人は、肉体的な健康が早く衰え、短命である傾向が強いことも明確に示しています。

友達の数ではなく、大切なのは人間関係の「質」だということです。「人間関係の深さ」がどのくらいなのか、お互いが一緒にいてどれくらい安心できるか、どれだけリラックスして、お互いが本当の自分をさらけ出せるのか、そうしたことが重要だというのです。

欲しいだけのお金を手にし、仕事に成功し、肉体的に健康な状態にあっても、愛情に満ちた人間関係がなければ、結局、人は幸せになれないということです。

苦しみに会ったことは、私にとってしあわせでした

「災転じて福となす」、「人間万事塞翁が馬」、「良いことのためにこない悪いことはない（メキシコの諺）」など、幸不幸については数多くの諺があります。表題の「苦しみに会った事は、私にとってしあわせでした」という言葉は、詩画作家・星野富弘さんが選んだ聖書の詩編の言葉です（詩編119・71、新改訳）。星野さんの壮絶な人生を知ると、その言葉が現実味を帯びて心に響きます。

星野富弘さんは、太平洋戦争が終わった翌年、一九四六年に群馬県の貧しい農家で七人兄弟の五番目に生まれました。父親は百姓になるのが嫌で、一八歳の時に親に内緒で家を飛び出し東京に出ました。そこで苦労しながらもやっと成功したのも束の間、戦争になり、一九四五年三月九日の東京大空襲で、家、財産全てを焼かれてしまい、失意のうちに裸同然で故郷に戻ったのでした。

慣れない畑仕事に両親は朝から晩まで畑で汗を流し、富弘少年も野良仕事を手伝い家族が協力しあって生活していました。貧乏のどん底の生活だったけれど、「なんてあたたかく育てられたのだろう」と、苦しいというよりあたたかさを感じて育ったと振り返っています。

高校生の頃、いつものように重たい牛糞などの肥料を背負って、急な山道を登っていた

ら、小さな白い十字架が目に飛び込んできました。そこは墓地の一角で、その十字架は新しく作られた墓のようでした。そして、その十字架には「労する者、重荷を負うもの、我に来れ」と記されていたのです。星野少年は、それを読んで、確かに自分は労しているし、重荷も負っている、だけれども「我に来れ」という意味がどうしてもわからなかったと記しています。このことが、彼にとって聖書の言葉と接した初めての経験でしたが、もちろんこの時にはそれすらもわかりませんでした。

彼は子どもの時から絵を描いたり、文章を書いたりするのが好きだったのですが、それ以上に体を動かすことが得意で、中学生の時は陸上部で、県の代表になったりするほど才能を発揮していました。大学では教育学部で保健体育を専攻し、器械体操と、かなり本格的なロッククライミングや登山も楽しみました。

一九七〇年三月に大学を卒業して、四月から中学の体育教師として高崎市の中学に赴任しました。そして、就職して二か月が過ぎた六月二二日、放課後のクラブ活動で、踏み切り板を使って、ジャンプ、回転の模範演技を生徒たちに披露している時、着地に失敗し、頭部から転落。首から下の感覚を失い、全く動けない状態になってしまい、救急車で病院に運ばれたのでした。

医師の所見によると「四肢完全麻痺、肋骨上縁以下の知覚障害、腹式呼吸だけに頼る極めて浅い呼吸。病名は第四頸椎前方脱臼骨折、頸髄損傷」ということでした。呼吸するのが苦しく、死を覚悟したほどでした。

六月二二日の医師のカルテには、「呼吸困難のため、気管切開に踏み切り、人工呼吸器を使用。常に死が目前に迫っている状況で、気管切開手術の際も呼吸停止との闘いであった。術後は人工呼吸器と彼のずば抜けて強い体力によって呼吸維持」とあり、実際に生死の間を彷徨っていたことがわかります。

口から胃までは流動食用の管がさしこまれ、喉の気管切開した穴から人工呼吸用の酸素の管がセットされ、腕と脚には点滴用の管が差し込まれ、円座の上に載せた頭部には牽引の錘がぶら下げられ、下半身の方には導尿の管が取り付けられている、という状態でベッドに横たわっていることしかできなかったのです。

眠れない夜が続きましたが、ふと、自分には暗唱している詩がいくつかあることを思いついたのでした。小学生の頃から詩が好きで、自分で書いたこともあったけれど、萩原朔太郎や三好達治、立原道造の詩、それに漢詩も数篇暗記していたのでした。覚えている限りの詩を片っぱしから、心の中で何回も飽きることなく繰り返しているうち穏やかに眠りにつけたのでした。そして、今までは短い文字の配列にしか過ぎないと思われていたこれらの詩が、その時から生き生きとした命をもって彼の中に広がったのでした。

入院して九か月目に初めてストレッチャーで病室の外に出ることができました。中庭に咲いている桜を見て「生きていて本当によかった、あんなにきれいなものを見られるなんて、生きているって、素晴らしいことだ」と思ったそうです。

事故から二年目の春を病院で迎えた星野さん、ある日、骨折で入院している女性から、三浦綾子の『塩狩峠』を勧められ読み、その主人公の生き方の愛の深さに感動したのでした。そして、その三浦さんも、ほとんどベッドの上で上を向きながら一三年間も病と闘ったことを初めて知り、言葉の一つひとつに感銘を受けたのでした。「生きているのではなく、生かされているのです」。随所に聖書の言葉やそれに従って生きている、クリスチャンと呼ばれる人々の姿が感動的につづられていて、心を揺さぶられたのでした。

そして、大学時代に同じ寮に住んでいた先輩が送ってくれた聖書を、ベッドの下の段ボールの中に入れたままにしているのを思い出して、それを取り出してもらって、ベッドの脇にある本箱の上に置いて表紙を眺めて一日を過ごしたのでした。

そんな時、この先輩の通う教会の牧師が見舞いに来てくれたのでした。三浦綾子の本や聖書を送ってくれた友人を通してキリスト教には関心を持ち始めていたので、来訪は嬉しかったのですが、話の中に神とかキリストという言葉が出てくると、大部屋の他の患者たちの目が気になって仕方ありませんでした。そして、ひとりになってから、初めて聖書を開いてその牧師が示してくれた聖書の箇所、ローマ人への手紙を読み始めてみたのです。「そればかりではなく患難さえも喜んでいます。それは患難が忍耐を生み出し、忍耐が練られた品性を生み出し、練られた品性が希望を生み出す」という箇所にぶつかりました。それを読んだとき、星野さんの薄暗い明日に、微かな光が差し込んでくるように感じたのでした。

「信じられなくても信じたいと思った。今のこの苦しみは、苦しみだけで終わることなく、豊かな人間性や希望につながっているというのである。私にはこの言葉自体がすでに希望だった」と述べています。

星野さんのところには、友人や元生徒などからたくさんの見舞いの手紙が届いていました。何とかそれに返事をしたいと考えるのですが、なすすべがありませんでした。

筆を口にくわえて字を書こうと考えて、サインペンとスケッチブックを用意してもらったものの、筆を加えて頭を動かして書くなどという作業は、何百キロの重量物を持ち上げるほどの力が必要に思え、一本の線さえ書けないまま数か月が過ぎました。

けれども諦めたくはないと思っている時「からだの中で比較的弱いとみられる器官が、かえってなくてはならないものなのです」という聖句に行き当ったのでした。神様は自分のようなものでも認めていてくださることを知り、今の自分の役割は、口で字を書くことなのかもしれない、と思うに至ったのでした。

そんなある日、ベッドで寝ている星野さんの体位変換にきた看護実習生が、上をむいて字を描こうとしていた星野さんの体を横向きにして、それで字を書いてみたらと勧めたのです。ガーゼを巻いたサインペンをくわえて、その人が支えてくれているスケッチブックに触れると、あまり力を使わずに頭を少し動かすだけで白い紙に黒いサインペンのシミを付けることができたのです。それからは嬉しくて、嬉しくて、歯茎から血が出たり、よだれでガーゼがぐしょぐしょになっても構わず、カタカナでアイウエオと五十音を書き続けてしまいました。星野さんは自分が器械体操をしてきたプロセスを考え、繰り返し練習することで、知らず知らずに技ができたように、地味な基礎を積み重ねれば口でだって美しい文字が描けるようになるに違いないと信じ、毎日練習を始めたのでした。そして、数か月もすると漢字まで上手に書けるようになっていたのでした。

ついに念願だったお礼状を書くことができ、それを受け取った人たちからは予想を超えた大きな喜びで返事が届きました。

ある日、見舞いにきた女性（後の妻になる昌子さん）が道端で咲いていた花をもってきて花瓶にさしたのが何とも美しく見えたので、花びら一枚一枚丁寧に描いてみました。思ったより力強くかけて嬉しくなり、それに文も書いて友人に送ったのでした。

これが星野富弘オリジナルの詩画の始まりでした。

入院中に膀胱結石の摘出手術を受けるために泌尿器科に移ったときに、看護婦が色々質問をして記入していました。生年月日、職業、などに続いて最後に「特別な宗教をお持ちですか」と聞かれた時、「キリスト教です」と答えてしまった、というのです。どうしても「別にありません」とは答えられなかったというのです。「すべて、疲れた人、重荷を負っている人は、わたしのところに来なさい。わたしがあなたがたを休ませてあげます」という聖句に従いたいと思ったからだと語っています。

入院も四年目になったある日、曲がらない足を伸ばしたまま乗れる、星野さんにぴったりの外国製の車椅子が届きました。

心もウキウキ、ゴム毬のように弾んだ気持ちで病室を出たのですが、出会う人は、健康な時には自分もそうであったように、車椅子の姿を、見てはいけないものを見てしまったような哀れみの目で見るのでした。

「幸せって何だろう。それは一般に不幸と言われているような事態の中でも、決して小さくなったりしない。病気やけがに不幸という性格を持たせてしまうのは、人の先入観や生きる姿勢のあり方ではないだろうか」とその時星野さんは思ったのでした。

一九七四年一二月二二日、病院の一室で、多くの人の祝福を受けながら洗礼式が行われました。「わたしのところへ来なさい」という言葉に素直についていきたいと願って洗礼を決意したのでした。「私はけがをして失ったものも随分あるけれど、与えられたものは、それ以上にあるような気がした」と言い、その場で、母への思いと感謝の気持ちをみんなに伝えたのでした。

星野さんの詩画はお母さんに手伝ってもらって、色もつけるようになっていました。それを知った、身障者センターの所長さんが星野さんの絵の展覧会を開きましょう、と提案してくださったのでした。ただの美しい絵の展覧会ではなく、一人の人間の「生きざま」の紹介をしたいので、初めて書いた文字や、未完成の絵まで展示することになり、六〇枚が飾られることになりました。展覧会が始まると、来場者たちに感動の渦が湧き起こり、そこに展示された絵は、全て希望者の手に渡ってしまったほどだったのです。来場者が書き残した感想文が大学ノート四冊にびっしり書かれており、その一人ひとりの心のこもった言葉を読みながら、星野さんはこれからの人生で自分が何をしていったらいいのかが、うっすらと見えてきたのでした。

そして、これを契機に、この所長さんの助言もあり、星野さんは病院から退院して、家に帰ることを決めたのでした。病院にいてもこれ以上治療方法はなかったのです。

「星野さんには絵があるじゃありませんか、あんな素晴らしい言葉があるじゃありませんか。家へ帰ってまたどんどん描くのですよ。応援しますよ」という言葉に背中を押されて、九年ぶりに病院を出て故郷に戻ったのでした。

そして、一九八一年に、今までの自分について語った『愛、深き淵より』を出版しました。一四〇万部の大ベストセラーとなり、今でも書店に並び、教科書や副読本にも採用されています。そして、この本が出版された年に、入院中、足繁く見舞いに来てくれていた渡辺昌子さんと結婚することになり、たくさんの人に祝福されて結婚式を挙げることができたのでした。

一九九一年には、ふるさとの東村に村立富弘美術館ができ、人口三五〇〇人の村に、これまで六九〇万人以上の人がおとずれています。今までに出版された詩画の本は一七冊にのぼり、展覧会も日本全国二〇〇回以上、海外でもニューヨークやワルシャワなど五都市で開催されています。

敬愛する三浦綾子さんとの対談も喜びのうちに実現しました。その一部をここにご紹介いたしましょう（三浦綾子・星野富弘著『銀色のあしあと』より）。

三浦　病気をしてね、失ったものもあるけれど得たものも多いって、私も思うし、あなたも書いていらっしゃる。

星野　数を数えれば、比べ物にならないくらい、得たものの方が多いんじゃないかと思います。おそらく怪我をしなかったら……やっぱり今頃は、体育の教師で、おれの性格からいうと生徒を引っ叩いたとか、反対に引っ叩かれたとか（笑）そんなことで毎日、クヨクヨしながら生きているんじゃないかと思うんです。もちろん、そちらでもまたどうなったかというのは、神さまにしかわかりませんけれども。でも、詩を書いたり、絵を描いたり、そういうことっていうのは、まあ、おそらくなかったんじゃないかと。

三浦　今、星野さんがなさっていることは、多くの人と結びついて、多くの人の人生と関わり合うお仕事でしょ。どれだけたくさんの人が、本当に力をえて生きて行っているかわからない。そりゃ、辛いし、周囲の人にも苦しい思いをかけるけれど、神さまの与えてくださった道は間違いがないんだっていうか、愛なんだっていうことは信じられますね。

星野　ええ、それはもう、本当に。なんていうか、神様は、この俺のためにいいことをしてくれたと思うんです。

三浦　「苦しみに会ったことは、私にとってしあわせでした」と、いただいた色紙に書いてあって心打たれましたけれど、苦難をいいものとして受け入れたら、もうこれ以上のことはないですよね。

星野　おれが、おれみたいな者がなんでこんなによくしてもらえるのか、不思議なんですよね。よっぽど神様はお人好しだ。
星野さんは、苦難の中から、大きな幸せを見つけたのでした。

喜びが集まったよりも
悲しみが集まった方が
しあわせに近いような気がする

強いものが集まったよりも
弱いものが集まった方が
真実に近いような気がする

しあわせが集まったよりも
ふしあわせが集まった方が
愛に近いような気がする

（一九八一年小菊の花の絵に添えられた詩）

苦しみのない人生はないが、幸せはすぐ隣にある

私たちは、いつの日かこの世を去らなければならない時が来ることを知っています。考えてみれば、生まれたその瞬間から、私たちは死に向かって歩んでいると言えるのかもしれません。けれどもその時がいつなのかは、誰にもわからないのです。そして、この世を去る時には、この世に生まれ落ちた時と同じように、何も持たず、一人で旅立たなければなりません。みんなが羨む資産を手にした人も、ノーベル賞をもらうような世界的学者も、幸せな家庭を営んだ人も、偉大な芸術家も、そして私もあなたも。何一つ持って行くことはできず、その肉体は焼かれ灰になるのです。

私は、人が一生を終わるときに「幸せ」を感じることができたら、その人の人生は成功だったと思うのです。もちろんたくさんの悲しみ、苦しみを味わった人生だったと思うのですが、生涯の終わりの時に、「幸せ」を感じながらこの世を去れたら素晴らしいと思っています。

そんなことを考えている時、『「死ぬとき幸福な人」に共通する七つのこと』という本に出会いました。著者は医師であり、在宅クリニックを経営する小沢竹俊さんです。一九六三年東京生まれ。マザー・テレサのことを知り、世の中で一番、苦しんでいる人のために働きた

いと願い、医師を志しました。救命救急センター、農村医療に従事した後、九四年より横浜甦生病院内科・ホスピス勤務、一九九六年にはホスピス病棟長を務めます。そして二〇〇六年めぐみ在宅クリニックを開院、院長をされています。

エンドオブライフ・ケアを提唱し、苦しみを抱えた人の尊厳を取り戻すことを意識し、どうすれば、尊厳を取り戻すことができ、尊厳を守り、さらには、尊厳を維持していくことができるのかを考えています。

小沢さんの提唱する七つの項目を見てみましょう。

1、人は何歳からでもやり直せる。だから自分で自分を否定しない。
2、老いて体が動かなくなったとしても、新しい一歩を踏み出す。
3、不平不満があっても家族は家族。心からの愛情を示す。
4、老後の喜びは他人がくれるもの。一期一会の出会いに感謝して暮らす。
5、いつかこの世を去ると心得て、今、この瞬間を楽しむ。
6、死を前にして後悔しないために、大切な「夢」や「希望」は他人に委ねる。
7、どんな絶望、苦しみを抱えていても、今日一日を大切に過ごす。

小沢さんは「あなたが人生に絶望しても、人生はあなたに絶望していない」という『夜と霧』の著者、ヴィクトール・フランクルが残した言葉に触発されて、医療の現場で、たとえいのちが限られているという絶望の中にあっても、人は笑顔を取り戻す可能性があることを学び、その援助を精一杯実践しています。

「愛の反対は、無関心です」というマザー・テレサの言葉を心にとめ、自分にできることから始める、日々の暮らしの中で、身近な人たちとの関係を大事にすること。それが最高に幸せな「終活」となると言います。本当の幸せとは、私たちの生活の中に潜んでいるのです。小沢さんの著書『苦しみのない人生はないが、幸せはすぐ隣にある』、このタイトルの力強い言葉に勇気づけられました。

私の母は、夫と死別した後一人暮らしでしたが、ある日心筋梗塞で急死しました。六九歳でした。その頃私はアメリカに住んでいたので、何の心の準備もなく慌てて帰国したのですが、その前年に母を訪ねたときに「このノートに私が死んだ時のこと書いてあるから、読んでおいてね」と母に言われたことを思い出したのでした。そのノートを開くと、私がその時にしなければならないことが全て書かれていたのにびっくりしました。

葬儀について、葬儀社の連絡先、葬儀の場所、葬儀で読んでもらいたい聖書の箇所、歌ってもらいたい讃美歌、自分の略歴、家系図、自分の財産目録と印鑑や必要書類の所在場所、埋葬の墓地について、連絡して欲しい人の名簿一覧など、事細かに書かれていたのです。それがどんなに助かったことか。母の心くばりに感謝したのでした。

そして、私が母の亡くなった年齢に近づいた時、私も子供たちに同じものを残さなければと思いノートに書きはじめました。書いているうちに、もしかしたら、これは私だけでなく、誰にでも必要なことではないかと考えて出版することを思いつきました。そして『エンディングノート・愛する人に遺す私のノート』というタイトルで、キリスト新聞社から出版していただくことができました。

延命治療や臓器提供についての意思表示を事前にしていれば、家族はその選択を迫られた時に苦しまなくて済みます。私たちはいつ訪れるかわからない別れの時に備えて、自分の意思を伝えておくことは、家族や周りの人にあなたの愛を示すことになるのだと思います。

感謝して、幸せのうちにこの世を去ることができるように、日頃から家族や親しい人たちとこうしたことについてざっくばらんに話し合い、準備を進めていくことができれば、その時がきても、遺された人たちは悲しみを超えて、感謝に満たされることと思います。

Pay it Forward（次へつなげる～あなたにも世界は変えられます～）

こんなタイトルの映画をかなり前に観たのですが、いつまでも心に残っています。人から受けた親切を、その相手に返すことを英語でペイ・バックと言います。そうではなく、その親切を受けた相手に返すのではなく、他の人に返し「次へつなげる」ことをペイ・フォーワードと言います。

映画のあらすじはこうです。

中学生になった一一歳のトレーバーはある日学校で「世界をよりよくするには、自分は何をしたらいいか？」という課題が出されたのです。トレーバーはある考えを思いつきました。それは自分が受けた親切はその人に返すのではなく、他の三人に返すペイ・フォーワードという提案でした。そうすれば、親切が一人から三人に、三人から九人に、九人から二七人にというふうに鼠算式に増えていくという考えです。トレーバーは自分でそれを実行するためにホームレスで失業中のジュリーに自分のお小遣いを渡し、三人にそれをつなげて欲しいことを伝えました。ジュリーはそのお金で服と靴を買って再就職しました。そして、立ち直り、ある日、自殺しようとした女性を救い、その人にも「次につなげて」とたのんだのです。

新聞記者のクリスは取材中に自分の車を壊されてしまいます。見知らぬ男性がそれを知り自分の新車をクリスに差し出し、三人につなぐように伝えて去っていきました。トレーバーの知らないうちに「ペイ・フォーワード」は広がっていたのです。クリスはこの出来事を取材することにしました。自分に車をくれた男性に取材に行くと、その男性は自分の娘が発作で病院に行った時、流血していた黒人男性が病院で順番を譲ってくれて、ペイ・フォーワードの話をしてくれたそうです。

トレバーはそのことでテレビのインタビューを受けます。学校の教室で撮影され、トレバーは勇気を持つことの大切さを訴えます。でも実際には何もできなかった、ろうそくの灯は消えてしまったとも話しました。撮影後、学校のいじめっ子がクラスメートをいじめていました。トレバーは勇気を持っていじめを止めようとしたのですが、その一人がナイフを取り出して、トレバーの腹部を刺してしまい、先生や母親が駆けつけた時には間に合わず、亡くなってしまったのです。

その後、そのインタビュー番組とトレーバーの死が報道されました。そして、その夜、家の外にたくさんの人の気配がしたので、母親がドアを開けてみると、人々が手にろうそくをかざして次々と献花しているのでした。

トレーバーが提案した「ペイ・フォーワード」が理解され、広まっていったのでした。

私たちは、何かを思いついても「自分一人で何ができるか……」と尻込みしてしまします。でも、一人ひとりが変わっていけば、やがては地域を動かし、世界も変えられるかもしれません。

システムはとても簡単です。人は他者から親切を受けたら、その相手にお返しをするのが普通です。その場合、この親切は当事者間のみで終わってしまいます。けれども、この親切を受けた相手に返すのではなくて、次の人に別の形で返したら、どうなるでしょう。一人が新たに三人につなげたら、親切の輪が広がっていくのです。もちろん簡単なことではないかもしれません。でも、例えば、電車の中でお年寄りに席を譲るというような小さいことでいいと思うのです。たまたま困った人に出会ったら、手を貸してあげたらいいのでしょう。そしてもし、その人が「お礼を」と申し出たら、「ペイ・フォーワード」でつなげてくださいと勧めたらいかがでしょう。愛の連鎖、素敵だと思いませんか？　私はこのストーリーを知った時、聖書の言葉を思い浮かべました。

「主よ、いつわたしたちは、飢えておられるのを見て食べ物を差し上げ、のどが渇いておられるのを見て飲み物を差し上げたでしょうか。いつ旅をしておられるのを見てお宿を貸し、裸でおられるのを見てお着せしたでしょうか。いつ、病気をなさったり、牢におられたりするのを見て、お訪ねしたでしょうか。」そこで王は答える。「はっきり言っておく。わたしの兄弟であるこの最も小さい者の一人にしたのは、わたしにしてくれたことなのである」（マタ25・37〜40）

これぞ、まさに究極のペイ・フォーワードではないでしょうか。

おわりに

三年間で三三〇万人が登録したというイエール大学開設以来の「伝説の授業」といわれている「ウェル・ビーイングの科学」（The Science of Well-Being）という講座があります。講師のローリー・サントス（Dr. Laurie Santos）によれば「ウェル・ビーイング」というのは、持続的に心身健康で、快適でいられること、つまり満ち足りて幸せな状態でいられることを言います。この講座にこれほどの人が押し寄せるという現象を見ても、人々がどんなに「幸せ」を求めているかがよくわかります。

サントス教授によれば、私たちは自分を取り巻いている先入観を自分の心から取り除いて、今ある自分を肯定し、それに感謝をして、他者を思いやることで人々は「幸せ」を感じることができるということです。

本稿ではいくつかの側面から「幸せ」について考えてきましたが、どれも同じ結論に達したことがわかります。

つまり、「幸せ」とは、物やお金、名誉や地位から得られるものでないこと。遠くにあって追い求めるものではなく、今の自分の中に見つけることができるということです。他者から見れば不幸であるかもしれない状況の中でも、豊かな「幸せ」を見つけることができます。そして、家族、友人などとの、あたたかい確固たる信頼関係——自分のことを気遣ってくれる人がいることを知る——ことが「幸せ」の条件なのです。そして何よりも重要なのが、それらの根幹に「愛」がなければならないということです。

こうしてみると、幸せになる条件は、すべて聖書の中に書かれていることがわかりました。

「いつも喜んでいなさい。絶えず祈りなさい。どんなことにも感謝しなさい」（一テサ5・16—18）
「たとえ、山を動かすほどの完全な信仰を持っていようとも、愛がなければ、無に等しい」（一コリ13・2）
「隣人を自分のように愛しなさい」（マタ22・39）

「愛は、すべてを完成させるきずなです」（コロ3・14）

聖書のみ言葉を日々実行しつつ、幸せに過ごしたいと願っています。

あとがき

八月の夏季休暇には、毎年、どこかに旅行することにしているが、二〇二一年は、新型コロナの感染拡大中だったので、国民の行動も大きく制限された。ウイルスの感染に対しては、ワクチン接種しかないので、それを最優先にするのが、政治家の役目ではないだろうか。日本でウイルスのワクチンが製造できないことも不思議である。日本の危機管理がなっていないと感じるのは、戦中派の私だけであろうか。ともあれ、遅まきながらも色々と手を尽くしているうちに、終息に向かいつつあるのは、喜ばしいことである。

それはとにかく、信州（長野県）で受洗した私は、信州と信州人が好きなので、毎年の休暇には信州に行くことにしている。今年は、友人家族と千曲市、つまり上山田温泉がある戸倉の旅館に泊まって、温泉を満喫した。また、温泉場から見える山々、紺碧の青空、情緒溢れる千曲川も満喫できたので、最高だった。大自然に恵まれた信州は、幸多き国柄といえよう。善光寺のある長野市に帰って、旅館に投宿した後も、新しく建築された東山魁夷美術館を城山公園に訪ねた。白い建物は、善光寺と調和がとれていて、綺麗であった。

人間の本当の幸せは、内面で真の自己に出会うことにある、と私は信仰を持った時から確信していたが、それがまさに神と触れ合う場だからであると善光寺の裏山で独り瞑想しているときに気づいた。大きな恵みだと思っている。別に神秘体験をしたわけではない。心静かに、何も考えずに、ただ信州の自然と善光寺の建物を眺めていただけであった。静かに無我の境地になった時に、神と触れているのである。だから、そういう環境をつくり出すのは、大自然に包まれている時が最適なのではないだろうか。だから、昔、長野市に住んでいたときには、暇を見ては、善光寺の裏山に登り、独り静かに坐っているのが、好きだったのである。今は高齢者なので、とてもそういうことはできないが、せめて夏休みに信州に行ったときには、そうしたいものだと思っている。それができなければ、せめてホテルの窓から、信州のアルプスや菅平や志賀高原の様子を見て、内面に沈潜することにしている。その場合、経験する内面的な安らぎには甘美なものがある。

昔の想い出であるが、私がJ大学でラテン語を学んでいたとき（一九五〇年代）、日本のカトリック教会には有志の大学生によるカトリック学生連盟というのがあった。これは、共産党の民青（民主主義青年者同盟）に対抗するために結成された団体であった。その総裁が、J大学の学長をなさっていたイエズス会士のH神父であった。著名な戯曲作家でもあり、長年にわたり四谷にある聖イグナチオ教会の主任司祭をも勤めておられた。私は哲学生ながらこの教会の子供会の指導を引き受けていたので、時々、厳しい注意を受けたことがあるが、どれも慈悲に満ちていた。ミサの説教は実に上手で、いつも興味深く拝聴していた。亡くなる時には、私どもの共同体（SJハウス）で休んでおられたが、救急車が到着する直前に息を引き取られ、見事な大往生であった。その神父が、ある時、学連のメンバーである私たちに講話をなさったとき、こう言われた。ラテン語で言われたので翻訳するが、「必要な事柄においては一致を、多様な事柄では自由を、万事において愛を」。これがカト学連のモットーであるというわけである。説得力があると感じた。そして、付けたしみたいに言われた言葉がある。それを記してみたい。

彼はこう言われた。「山に真理がある」と。その神父はドイツ人の宣教師であるが、インドで活躍していた若い頃の写真を見ると、精かんな顔付きで、逞しく見えた。山登りも得意だったに違いないと想像する。山に登った経験のある人は、よくわかると思うが、高い山の頂上は、天と地の接点である。私は三〇歳の頃、夏、富士山に三度目の登山をしたが、頂上の剣ヶ峰に辿りつき、地面に坐って、青空と雲海と下界を眺めていると、「山に真理がある」というH神父の言葉が、実感としてわかった。そう言えば、モーセが神から十戒を授かったのも、シナイ山であった。

主イエスが弟子たちや人々に「神の国の福音」を宣べ伝えたときも、ガリラヤ湖を見渡せる小高い丘（こういう山々がイスラエルには多い。イスラエルは山岳地帯といっても、過言ではあるまい。あまり高い山はないが、丘のような低い山々が連なっている）が多かった。

声もよく通ったと思う。山の空気が上から下の方に流れてくるので、山頂で語られたイエスのみ言葉も山の下のほうにいる群衆には、よく聴こえたにちがいない。実際に巡礼団を引率して、二回もイスラエルに行った時に、それを実感した。またガリラヤ湖に浮かぶ船（木材のボート）の中で声を出しても、よく通ったのを経験した。

最後に、もうひとつ言いたいのは、言葉との出会いである。私には何の才能もなかった上に、学校の勉強もあまりしなかった。けれども、大学院まで行けたのは、本屋に生まれ育ったことも関係していると思うが、子どものときから、こっそりと隠れてよく書物を読んでいたからではないかと思う。だから、未信者ではあったが、中学生の頃には、サレジオの聖フランシスコの『信心生活の入門』や『神愛論』、アビラの聖テレサの『完徳の道』『霊魂の城』など、戦後の一九五〇年代に流行った信心書などもよく読んだものである。これが、今の私の霊的生活の支えになっていることは疑いない。人びとに対して、宗教講話や説教が楽しくできるのは、若い時の読書のお蔭と思っている。

本書も、少しでも読者に役立つことを確信して推薦したいと思う。私が考えるのは、どんなに人工頭脳やロボットやインターネットの時代になっても、もし人間が本当に賢く、叡智のある大人に成長したければ、良書を読むしかないと思っていることである。
最後に、改めて本書の執筆に協力してくださった著者の先生方に深く感謝すると共に、日頃から本書の編集・製本・販売等のために、私利・私欲を離れて献身的にご尽力くださっている教友社の阿部川直樹社長に深甚の謝意を表したいと思う。また、心から読者の皆さんのご健康とご多幸をお祈りする次第である。

二〇二一年九月二〇日

編著者

著書：『Ethnic Conflict and Religion: A Study of the Church in Northern Ireland』（法律文化社）、『平和学のいま』（編著、法律文化社）、『教会の社会教説　貧しい人々のための優先的選択』（教文館）他。

角田　佑一（つのだ・ゆういち）

イエズス会司祭。神学博士。上智大学神学部常勤嘱託講師。専門分野は教義学、エキュメニズム、諸宗教の神学、諸宗教対話。
論文：「清沢満之『臘扇記』における『意念』の内的構造」（『宗教研究』93巻1号、2019年）、「イエスの内面的成長についてのキリスト論的考察――ペルソナと意識の関係」（原敬子、角田佑一編著『「若者」と歩む教会の希望　次世代に福音を伝えるために』日本キリスト教団出版局）、「神における『道』」（越前喜六編『道』教友社）。

下室　覚道（しもむろ・かくどう）

曹洞宗僧侶。東京都新宿区養国寺住職。千葉県木更津市東泉寺兼務住職。元鶴見大学教授。専門は道元禅師の思想、チベット仏教、宗教学。
著書：『訓註曹洞宗禅語録全書〈中世篇〉』第四巻（四季社）、『日本仏教名言集』（天来書院、共著）、『別冊太陽　道元』（平凡社、共著）、『葬祭――現代的意義と課題』（曹洞宗総合研究センター、共著）、『僧侶――その役割と課題』（曹洞宗総合研究センター、共著）。

木村　恵子（きむら　けいこ）

東京生まれ。恵泉女学園、早稲田大学（心理学専攻）卒業。日本基督教団・霊南坂教会員。エッセイスト。タイ、ベトナム、スイス、アメリカに居住。ＮＨＫ「ラジオ深夜便」海外レポーター（1994-2000）。
著書：『小さな地球人たち』（日本評論社）、『河井道の生涯～光に歩んだ人』（岩波書店）、『愛する人に遺す・エンディングノート』（キリスト新聞社）、『キーフさん～ある少年の戦争と平和の物語』（叡智の海出版）など多数。

片柳　弘史（かたやなぎ・ひろし）

イエズス会司祭。慶応大学法学部卒業、上智大学神学部神学研究科修了。現在、山口県のカトリック宇部教会にて司牧活動。マザー・テレサに勧められて司祭となる。
著書：『世界で一番たいせつなあなたへ』（PHP 研究所）、『マザー・テレサは生きている』（教友社）、『カルカッタ日記』（ドン・ボスコ社）、『こころの深呼吸～気づきと癒しの言葉 366』、『あなたはわたしの愛する子～心にひびく聖書の言葉』（教文館）。

竹内　修一（たけうち・おさむ）

イエズス会司祭。上智大学哲学研究科修了、同大学神学部神学科卒業、Weston Jesuit School of Theology（神学修士）、Jesuit School of Theology at Berkeley（神学博士）。上智大学神学部教授。専攻は倫理神学（基礎倫理、いのちの倫理、性の倫理）。
著書：『風のなごり』、『ことばの風景』（教友社）、『希望に照らされて』（共著、日本キリスト教団出版局）、Conscience and Culture : A Dialogue between the West and the East concerning Conscience（LAP LAMBERT Academic Publishing, 2010）。

柳田　敏洋（やなぎだ・としひろ）

イエズス会司祭。京都大学大学院工学研究科修士課程修了。民間企業に技術研究員として従事後、イエズス会入会。米国、カナダにて「霊操」指導コースを研修。イエズス会修練長、エリザベト音楽大学理事長・教授を務め、現在イエズス会霊性センター「せせらぎ」所長。
著書：『日常で神とひびく』、『日常で神とひびく 2』（ドン・ボスコ社）、「エゴを越えてアガペを生きる霊性を目指して」（越前喜六編『霊性』教友社）。

小山　英之（こやま・ひでゆき）

上智大学外国語学部英語学科卒。同大学院哲学研究科修士課程修了。イギリス・ロンドン大学ヒースロップカレッジ神学科卒。イギリス・ウォーリック大学大学院 Centre for Research in Ethnic Relations 博士課程修了。イエズス会司祭。現在、上智大学神学部神学科教授、特定非営利活動法人なんみんフォーラム（FRJ）代表理事、府中刑務所英語系教誨師。専攻は、平和学、カトリック社会思想、人間学。

著者紹介（掲載順）

デ・ルカ・レンゾ（De Luca Renzo）

イエズス会司祭。上智大学文学部哲学科、上智大学大学院神学科卒。九州大学大学院国史学科研究科修了。元日本二十六聖人記念館館長。キリシタン史専門。現在、イエズス会日本管区管区長。
著書：『旅する長崎学（1）』（共著、長崎文献社）、『神に喜ばれる奉仕　十二人の信仰論』（編著、サンパウロ）、『祈り』、『愛』、『希望』、『癒し』、『知恵』、『道』（編著、教友社）。

越前　喜六（えちぜん・きろく）

イエズス会司祭。上智大学哲学研究科および神学研究科修士課程修了。上智大学文学部教授を経て上智大学名誉教授。専攻は人間学・宗教学。
著書：『必ず道は開かれる』（日本キリスト教団出版局）、『多神と一神との邂逅――日本の精神文化とキリスト教』（共著、平河出版社）『人はなんで生きるか』（聖母の騎士社）、『わたしの「宗教の教育法」』（サンパウロ）、『神に喜ばれる奉仕』（編著、サンパウロ）、『祈り』、『愛』、『希望』、『霊性』『知恵』、『道』（編著、教友社）など多数。

ホアン・アイダル（Juan Haidar）

イエズス会司祭。上智大学神学部教授。専攻は現代哲学、ユダヤ思想。
論文：「善人の希望――W・ベンヤミンの歴史観」『希望に照らされて』（日本キリスト教団出版局）、「ユダヤ教におけるメシア理念の理解」『宗教的共生の展開』、『知恵』、『道』（編著、教友社）など。

増井　啓（ますい・はじめ）

1964 年山口県下関市生まれ。イエズス会司祭。六甲学院中学校・高等学校に勤務。宗教科・社会科教諭。六甲カトリック教会司祭。

大西　崇生（おおにし・たかお）

イエズス会司祭。フランス・パリ Centre Sèvres にて STB、STL 取得。現在教皇庁立グレゴリアン大学博士課程。専門は旧約聖書神学。

真福――ここに幸あり――

発行日………2021年11月24日 初版

編著者………越前喜六

発行者………デ・ルカ・レンゾ

発行所………イエズス会管区長室
102-0083 東京都千代田区麹町6-5-1
TEL03(3262)0282 FAX03(3262)0615

発売元………有限会社 教友社
275-0017 千葉県習志野市藤崎6-15-14
TEL047(403)4818 FAX047(403)4819
URL http://www.kyoyusha.com

印刷所………株式会社モリモト印刷

ISBN978-4-907991-75-3 C3016